Thiesen
Das Kommunikationsspielebuch

Peter Thiesen

Das Kommunikations-spielebuch

Für die Arbeit in Schule Jugend-
und Erwachsenenbildung

Beltz Verlag · Weinheim und Basel

Peter Thiesen, Jg. 1952, Diplomsozialpädagoge, ist Dozent an der Fachschule für Sozialpädagogik in Lübeck und hat sich als Autor und Herausgeber von Standardwerken zur Spiel- und Sozialpädagogik einen Namen gemacht.

Lektorat: Richard Grübling

© 2002 Beltz Verlag · Weinheim und Basel
www.beltz.de
Herstellung: Lore Amann
Satz: Media Partner GmbH, Hemsbach
Druck: Druckhaus Beltz, Hemsbach
Umschlaggestaltung: Federico Luci, Köln
Umschlagfoto: Image Bank, Frankfurt a.M.
Zeichnungen: Barbara Hömberg, Hamburg
Printed in Germany

ISBN 3-407-55864-3

Inhaltsverzeichnis

Vorwort

Haben Sie schon einmal versucht, mit anderen Menschen nicht zu kommunizieren? Es wird Ihnen nur schwer gelingen. Selbst, wenn Sie sich stumm wie ein Fisch verhalten und auf Mimik und Gestik verzichten, ist auch dieses Verhalten interpretierbare Kommunikation. In jeder Minute, die wir mit anderen verbringen, kommunizieren wir. Letztlich hat jeder Mensch, gleich welchen Alters, Sehnsucht nach Kommunikation, nach Ausdruck der eigenen Identität und schöpferischer Betätigung. Wer hat nicht schon einmal das Verlangen gehabt, Grenzen zu überschreiten, spontan zu sein, sich Zwängen zu entziehen und sich nicht vom täglichen Einerlei vereinnahmen zu lassen.

Dieses Buch bietet Ihnen und Ihren Mitspielern die Möglichkeit, solche Wünsche lustvoll zu realisieren.

Kommunikationsspiele fördern auf besondere Weise die Wahrnehmungs- und Beobachtungsfähigkeit, den Mut, die Initiative, Sensibilität, Schlagfertigkeit, Toleranz und Kreativität der Mitspieler. Sie können neue Erfahrungen machen, sich selbst entdecken, Einfühlungsvermögen für andere entwickeln und Ideen in konkrete Handlungen umsetzen.

Der 1. Teil des Buches enthält über 200 freche originelle, vorwiegend neue Spielideen von »nachdenklich« bis »albern«, von »ruhigscharfsinnig« bis »wild«, von »lustvoll« bis »kreativ«. Das Wort »frech« steht für mutig, keck, lebhaft, ausgelassen, ausdrucksvoll, vorlaut und mutig. Freche Spiele erlauben ein »Aus-der-Rolle-Fallen«. Ein Verhaltenswunsch, der in uns steckt, jedoch sehr oft unterdrückt wird.

Der 2. Teil bietet 160 praxisbewährte Spiel- und Übungsangebote für die Arbeit mit Jugend- und Erwachsenengruppen. Sie reichen von »Warming-up«-Spielen über Angebote zur sinnlichen Wahrnehmung, körperlichem und sprachlichem Ausdruck, kooperativen Spielen, Bewegungserfahrungen und Entspannungsübungen bis zur Meditation.

Ausgerüstet mit diesem großen »Kommunikations-Werkzeugkasten« für Ihre Seminar- und Gruppenarbeit werden Sie viele interessante, erlebnisreiche und außergewöhnliche Stunden auslösen.

Peter Thiesen

1. Teil: Freche Spiele

Grundlagen

Freche Spiele als aktueller Bestandteil einer Erlebnispädagogik

Gegen Langeweile, Freizeitstress und »verkopftes Lernen«

Es klingt schon fast wie eine Pflichtübung, wenn Pädagogen – trotz anders lautender, meist populistischer Äußerungen aus der Politik – besorgt zur heutigen Lebenswirklichkeit von Kindern und Jugendlichen Stellung nehmen. Bei aller Unterschiedlichkeit der Sozialisationsbedingungen ist sie zum großen Teil von Zukunftsängsten und einer gewissen Perspektivlosigkeit gekennzeichnet. Zum Mangel an Orientierungsmöglichkeiten und dem Gefühl des Nicht-Gebrauchtwerdens kommen Probleme in der eigenen Freizeitgestaltung, ständig steigender Medienkonsum, Langeweile, passives Konsumieren und die verstärkte Bereitschaft, Konflikte durch Gewaltanwendung (»Aggressionsentladung«) zu lösen. Laut Psychiatriebericht der Bundesregierung liegt der Anteil verhaltensgestörter Kinder und Jugendlicher bereits bei bis zu 30% des jeweiligen Jahrgangs.

Beim Freizeitverhalten lässt sich Kurioses beobachten. Während auf der einen Seite Langeweile zu Frustrationen und diese wieder zu Aggressionen führen, reagieren Jugendliche auf das Überangebot der Freizeitindustrie ebenso zunehmend mit Stresssymptomen und Aggressivität. Nach einer Studie des BAT-Freizeitforschungsinstituts Hamburg haben viele Jugendliche Schwierigkeiten, sich in ihrer Freizeit zeitlich, finanziell und psychosozial Grenzen zu setzen. Als Opfer ihrer eigenen Ansprüche, möglichst nichts zu versäumen, reagieren dann über ein Drittel der 14- bis 19-Jährigen nur noch mit aggressivem Verhalten.

Wenn ein wesentlicher Teil dieser Problematik nicht durch Selbstverschulden, sondern in der Unzulänglichkeit und im Versagen von Elternhaus, Pädagogik, Politik, Jugendbehörden und Justiz liegt, stellt sich die Frage, ob wir nicht stärker eine »Erziehung zur Verantwortung für sich selbst« betreiben müssen, als dies bisher in Schule und Sozialpädagogik betrieben wurde. Veränderte Lebensbedingungen von Kindern und Jugendlichen verlangen dringend nach Veränderungen in den schulischen und außerschulischen Erziehungsinstitutionen.

Auch wenn weder Schule noch Sozialpädagogik die Familie ersetzen können, so lassen sich bestimmte soziale Verhaltensweisen nur dort erlernen, wo mehrere Menschen zusammenkommen und lernen.

Nicht die Sozialpädagogik allein, sondern auch die Schule muss sich mehr Zeit nehmen, das Miteinander und sozial akzeptierte Verhaltensweisen zu vermitteln. Was nützt es dem Einzelnen, ein immer Mehr an kognitivem Wissen vermittelt zu bekommen, während die soziale Deformierung von Persönlichkeiten nicht zuletzt durch ein Bild der Schule vom »verkopften« Schüler geprägt wird. Lebenskundliches Wissen, z.b. von ethischen Fragen bis zum Verhältnis von Arbeit und Spiel, sollten fester Bestandteil der allgemein wie berufsbildenden Schulen werden. Die Entwicklung von Selbstbewusstsein, Humanität und Handlungsorientierung im Umgang mit Menschen braucht Schulen, in denen auch Geborgenheit zu erfahren ist, und die sich nicht in erster Linie als »Ausleseanstalten« verstehen. Schule muss ein Lern- und Lebensort sein, in dem über die Wissensvermittlung hinaus, Schüler sinnvolle Erfahrungen sammeln und Aktivitäten entfalten können, die ihnen zu Selbstbewusstsein und persönlicher Kompetenz verhelfen.

Ein Mehr an psychischer, sozialer, kultureller und politischer Handlungskompetenz würde Jugendlichen helfen, sich besser mit ihrer Lebenswirklichkeit auseinander zu setzen und Einfluss auf den eigenen Lebensraum und dessen kreative Mitgestaltung zu nehmen.

Fantasie und schöpferisches Handeln beschränken sich in den Schulen auch heute noch vorrangig auf den Kunst- und den Musikunterricht. Obwohl die Förderung der Kreativität als ein anzustrebendes Ziel neuerer Pädagogik angesehen wird, scheinen die Voraussetzungen hierfür immer noch im Anfangsstadium zu stecken. Eher lässt sich beobachten, dass kreatives Verhalten von Schülern bei Lehrkräften hochgradige Irritationen auslöst, gegen normierte Schulrituale verstößt und deshalb eher verdrängt und unterdrückt, statt unterstützt wird. Die jedem Menschen eigene Spielfreude wird bereits in der Grundschule erfolgreich verdrängt. Dabei wird völlig vergessen, dass Kinder, die nicht mehr spielen können, auch nicht mehr lernen können, weil ihnen eine vertiefte Erlebnisfähigkeit genommen wurde.

Welche Eltern stöhnen nicht bereits gemeinsam mit ihren Grundschulkindern, wenn diese überfordert, lust- und motivationslos am stupide-langweilig abgespulten Mathematikunterricht verzweifeln oder den weißnichtwievielten schematischen Arbeitsbogen aus dem Deutsch- oder Heimatkunde-Sach-Unterricht nach Hause bringen. Leider sind von den »Paukschulen« alten Zuschnitts noch immer zu viele vorhanden. Diese Problematik ist schultypdurchgängig und in der Entrümpelung überholter Lerninhalte und Methoden zeigen sich Pädagogen und Kultusbürokratie häufig recht unflexibel.

In einer Zeit, die Kindern und Jugendlichen bis hin zum Erwachsenen die Erlebnisse immer stärker über das Fernsehen als über eigene Erfahrungen vermittelt, sind erlebnisintensive Lernerfahrungen von besonderer Aktualität.

Selbstentwicklung und schöpferische Kräfte

Ausgehend von der gesicherten Erkenntnis, dass Verhalten und Erleben in einer engen Wechselbeziehung stehen, versteht sich die wieder entdeckte Erlebnispädagogik als lebendiges, aktives und handlungsbezogenes Lernen. Die Wurzeln der Erlebnispädagogik gehen auf Kurt Hahn – in den 20er-Jahren Begründer der Salemer Schule – zurück. Heute, in einer Zeit der Reizüberflutung und seelischen Verarmung, ist Erlebnispädagogik ein sinnvoller Weg zur Einübung sozialer Kompetenz. Unter dem Aspekt einer humanistischen Erziehungsphilosophie versucht sie auf die Gesamtpersönlichkeit des Einzelnen zu wirken und sich in ihren Angeboten vom Alltäglichen deutlich abzuheben. Ausgangspunkte sind die Erfahrungen und Gefühle der Lernenden.

Erlebnispädagogik

- ist mehr als bloße Wissensvermittlung,
- legt Wert auf die Selbstentwicklung der schöpferischen Kräfte,
- geht auf die einzelne Person ein, indem sie nicht bei ihren Defiziten ansetzt, sondern ihre Fähigkeiten und Fertigkeiten herausstellt,
- beschäftigt sich mit zwischenmenschlichen Verhaltensmustern,
- macht Angebote zur Förderung der Kommunikationsfähigkeit,
- ermöglicht Handlungskompetenz, Initiative, Selbstorganisation,
- verdeutlicht die Sinnhaftigkeit des eigenen Tuns,
- reißt die Akteure durch Förderung der Selbstinitiative aus der Zuschauermentalität,
- regt zu Bewegung, Aktion, Geschicklichkeit und Kreativität an,
- versucht die Teilnehmer für andere zu sensibilisieren.

Nicht zuletzt kann Erlebnispädagogik verlorene Reichtümer der Kindheit ein Stück weit wiederbringen, wie z.b. die Sehnsucht nach Abenteuer, die Liebe zum Malen, zum Schreiben, Musizieren oder Theaterspielen.

Die Intensität eines Erlebnisses ist für den Lernerfolg wesentlich entscheidender als die Dauer. Die spektakuläre Erlebnispädagogik als projektorientiertes Angebot ist vorrangig mit der mehr oder minder abstrakten Stärkung des Selbstwertgefühls durch körperliches Training beschäftigt. Das können Veranstaltungen unter extremen Bedingungen sein, wie z.b. Segeln auf Hochseekuttern, Wildwasserfahrten, Klettertouren, Survival-Trips durch Schnee- und Sandwüsten, die alle unter fachlicher Betreuung durchgeführt werden. Diese oft bis an die Grenzen der körperlichen Leistungsfähigkeit gehenden Erlebnisangebote sind ein Teilaspekt der Erlebnispädagogik. Ein weiteres Erfahrungsangebot sind Spielformen, die dem Einzelnen helfen, sein Wahrnehmungsverhalten, die selbst gesetzten Fähigkeiten und Möglichkeiten zu überprüfen, zu reflektieren und gegebenenfalls zu erweitern.

Freche Spiele sind

- Wahrnehmungsspiele,
- Kommunikationsspiele,
- Spiele zum Erleben und Erkennen des eigenen kreativen Potenzials,
- Spiele zur Stärkung des Selbstvertrauens,
- Selbsterfahrungs-, Vertrauens- und Problemlösungsspiele.

Mit frechen Spielformen können wir Normen durchbrechen, die uns umgeben, während gleichzeitig bestimmte Regeln gesetzt werden, an die wir uns freiwillig halten. Besonders durch die darstellenden Spielangebote dieses Buches können wir die für die Persönlichkeitsentwicklung Jugendlicher wichtigen Prozesse der Selbstfindung intensiv unterstützen. Der Jugendliche verkörpert die verschiedensten Rollen, erlebt und erprobt sie und erweitert so die eigene Ich-Erfahrung. Die Bandbreite sprachlicher, mimischer und körperlicher Ausdrucksmöglichkeiten wird aktiviert, sodass die im Spiel geförderte Kommunikationsfähigkeit der Teilnehmer auch außerhalb des Spiels stabilisiert und verbessert wird.

Erlebnisintensive Spielformen nehmen beim kognitiven und sozialen Lernen eine Schlüsselstellung ein. Leider herrscht bei vielen Schulpädagogen noch immer die Auffassung, dass alles, was »Spaß« macht, nichts oder nur wenig mit Lernen zu tun hat. Schul- und Sozialpädagogik müssen darauf achten, dass bei aller Planung und Methodik, so wichtig sie auch sind, nicht nur die Vernunft, sondern auch Fantasie und kreatives Denken und Handeln geweckt und gefördert werden. Wenn wir dem Einzelnen bei der Entfaltung seiner Emotionalität helfen, verhindern wir, dass die Rationalität ausufert und das Gemüt und die Erlebnisfähigkeit versickern. Aus spielunfähigen Kindern werden häufig veränderungsunfähige Erwachsene, die sich selbst um ein Stück Freude und Lebensqualität bringen.

»Bausteine« sozialen Lernens

Jugendliche richten heute stärker als je zuvor ihr Interesse am Lustprinzip aus, sodass erlebnispädagogische Spielformen und Aktivitäten auch entsprechend motivierende Anreize für eine Beteiligung bieten. Die meisten Spielangebote dieses Buches haben das wechselseitige Reagieren von Spielpartnern zum Inhalt. Dadurch ermöglichen sie die Entwicklung von Offenheit, Kooperation, konstruktiver Rückmeldung und Vertrauen und sind somit »Bausteine« zur Stabilisierung sozialen Lernens und Handelns. Eine Reihe der neu entwickelten Spiele bietet die Chance, sich mit aktuellen politischen Gegebenheiten auseinander zu setzen und Resignation und politische Apathie zu reduzieren und in kritisch-konstruktive Bahnen zu lenken.

Freche Spiele

- haben einen positiven Aufforderungscharakter,
- bieten direkte Erfahrungen, insbesondere die Sensibilisierung von Wahrnehmung,
- bereichern das Denken und die Emotionalität,
- regen zur Kommunikation an und befriedigen das Bedürfnis nach Gemeinschaft,
- bieten Orientierung und erweitern das Bewusstsein,
- überprüfen, verändern und festigen Verhalten,
- ermöglichen durch den Als-ob-Charakter (die Reproduktion der Realität) eine distanzierte Reflexion des Ichs und der gespielten Rolle,
- erweitern den Vorstellungs- und Erfahrungshorizont, vergrößern das Reaktionsrepertoire und steigern somit die Wahrscheinlichkeit, sich besser in unvorhergesehenen Situationen verhalten zu können,
- erlauben ein »Aus-der-Rolle-Fallen«,
- ermöglichen, eine Sache von verschiedenen Seiten aus zu betrachten,

- helfen, Fähigkeiten zu entwickeln, die vorher noch nicht da oder nur schwach ausgeprägt waren,
- unterstützen die Selbststeuerung des eigenen Verhaltens,
- regen zur Eigenaktivität an,
- sind eine konstruktive Auseinandersetzung mit der Umwelt, ohne festgelegte Leistungsnorm, jedoch mit Leistung. Diese wird von der Lust der Spieler/innen getragen, den Spielprozess voranzutreiben, wobei der Zweck des Handelns im Spiel selbst bestimmt wird.

Die meisten frechen Spiele bieten das, was Scheuerl (1975) als »die Spannung und Entspannung, die Ergriffenheit und das Greifen, das Schaudern und den Rausch« bei bestimmten Spielen bezeichnet. Freche Spielformen sind immer an-regend, häufig auch auf-regend. Sie sind geeignet, vieles von dem zurückzuholen, was durch Funktionalisierung beim Lernen abgeschnitten, verschüttet oder verlernt wurde, nämlich selber »säen und ernten«, sammeln, produzieren statt konsumieren, Geschichte selber schreiben, Theater spielen – also Lernen durch Handeln.

Spielpädagogische Überlegungen

Qualitäten als Spielleiter/in

Wer als Spielleiter/in mit Schülern, Jugend- und Erwachsenengruppen spielt, sollte in der Lage sein, unter Berücksichtigung der altersspezifischen Charakteristika und Bedürfnisse der Spieler, motivierende Spielangebote zusammenzustellen und durchzuführen. Zur Planung und Durchführung von Spielstunden gehört eine Diagnose der Bedürfnisse, Vorlieben, Einstellungen, Probleme und Defizite der einzelnen Mitspieler.

Bei der Planung und Durchführung unserer »frechen Spiele« sind immer die jeweilige Gruppe und die eigenen Fähigkeiten und Grenzen der Spielleitung zu berücksichtigen. Die Kenntnis eigener Spielhemmungen, Blockierungen oder »Masken« im Umgang mit anderen Menschen – insbesondere im Bereich der Interaktionsspiele – ist Voraussetzung sowohl für eine verantwortungsbewusste Spielleitung wie für eine möglichst differenzierte Analyse der Gruppe. Einfühlsames Vorgehen beim Aufbau größerer Spielsequenzen (zusammenhängender Spielangebote) ist ebenso wichtig, wie die Mitbestimmung der Teilnehmer, wenn es um Tempo und Grad an Nähe und Intensität geht.

Die beste Spielleitung ist eine unmerkliche, eher indirekte, bei der die Gruppe dahin gebracht wird, aus sich selbst heraus – auch ohne Spielleitung – das Spiel fortführen zu können.

Als Spielleiter/in sollen wir Spielbedürfnisse erkennen, zum Spiel anregen, Denkanstöße geben und positive Spielbedingungen schaffen. Verhaltensmerkmale wie Höflichkeit, Toleranz, Geduld, Einfühlungsvermögen und Zuneigung sind Voraussetzungen, die mitzubringen sind. Diese sich in Wertschätzung äußernden Verhaltensmerkmale mindern Ängste und Unsicherheiten, führen zu positiven Gefühlen und erhöhen das Selbstvertrauen. Die freundliche Zuwendung des Spielleiters befriedigt das menschliche Grundbedürfnis nach positiven zwischenmenschlichen Beziehungen. In der Rolle des teilnehmenden Beobachters kann der Spielleiter Spielhemmungen erkennen und überwinden helfen.

Ein klares, souveränes Spielleiterverhalten erleichtert die Spielbedingungen und weckt die Spielfreude der Teilnehmer.

Motivierende Spieleinführung und -begleitung

Zu den wichtigsten Überlegungen und Techniken, Spiele einzuführen, gehören:

- Als Spielleiter/in muss man frei von Spielhemmungen sein, selbst Spaß am Spielen haben und sich in die Spieler hineinfühlen können. Eigene Begeisterung steckt an. Deshalb: Lust und Erfolg signalisieren!
- Aufmerksamkeit erzeugen, sich sichtbar machen. Je besser dieses gelingt, umso größer ist die Wahrscheinlichkeit, dass ein Spiel gut in Schwung kommt. Dabei selbstbewusst und freundlich auftreten.
- Klar und deutlich sprechen, kurze und bündige Spielerklärungen und Anweisungen geben. Lange, komplizierte Erläuterungen wirken demotivierend. Direktes Anreden und Anspielen.
- Augenkontakt zu den Angesprochenen halten.
- Gesten und Hilfsmittel zur Veranschaulichung einsetzen.
- Vorteile der Spielangebote betonen.
- Die wichtigsten Aspekte und Regeln hervorheben.
- Kurzer Check, ob das Gesagte richtig verstanden wurde.

Im Spielverlauf sollte der Spielleiter darauf achten, dass er

- Ziele setzt,
- die Spieler aktiviert und anregt, Ideen und Spielvariationen zu entwickeln,
- offen ist für Vorschläge und Kritik,

- Einfälle der Spieler respektiert und sie spüren lässt, dass ihre Ideen Wert haben,
- genügend Spielanreize und Materialien (je nach Spielvorhaben) zur Verfügung stellt,
- bewusstes intensives Genießen (Wahrnehmen, Aufnehmen, Empfinden) und außergewöhnliche Spielerlebnisse ermöglicht (siehe Spielangebote),
- präsentiert, informiert, arrangiert, diskutiert, beobachtet und reflektiert,
- ein Gefühl dafür entwickelt, welche Spielformen, Aufgaben und Aktionen seiner Gruppe bzw. den einzelnen Teilnehmern am ehesten gerecht werden,
- Rückmeldungen einholt, Wirkungen überprüft und Echo bekommt.

Zum Spielen anregen bedeutet stets:

- *Aktivierung* von Denk-, Gefühls- und Bewegungsabläufen,
- *Hervorhebung* durch Ungewohntes, Kontrastieren, Abheben vom Üblichen, Überraschung, Verblüffung,
- *Berührung* durch Erleben persönlicher Verbindlichkeit, körperliches Berühren; gerührt, provoziert, aufgerüttelt sein.

Damit Teilnehmer zu aktiven Mitspielern werden, müssen sie ein Gefühl der Sicherheit entwickeln können. Spielleiter/innen sind stets sowohl für die psychologische wie auch für die körperliche Sicherheit der Mitspieler verantwortlich. Spüren die Teilnehmer, dass uns ihr Wohlbefinden am Herzen liegt, werden sie lieber mitmachen und uns schneller vertrauen. Hier spielt auch das Gespür für die richtige Auswahl und Reihenfolge der Spiele eine wesentliche Rolle.

Als Spielleiter/in sollten wir so oft wie möglich selbst mitspielen. Das Zusammenspiel führt zu mehr Vertrautheit und hilft dem Spielleiter, eher zu spüren, was die Gruppe gerade braucht und ob ein Spiel außer Kontrolle gerät. Sind die Spieler müde, benötigen sie ein ruhiges Spiel, sind sie voller Spannung, sind Austoben, Wirbel und Action die richtige »Medizin«.

Beobachtung und Reflexion

Spielleiter/innen müssen über mögliche Wirkungen eines Spiels nachdenken und wissen, dass Spiele stets Verhaltensweisen hervorrufen und soziale, kognitive, psychomotorische und emotionale Ziele haben.

Die Komplexität von Spielprozessen, der schnelle Ablauf von Spielfolgen und die eventuelle Teilnahme des Spielleiters am Spiel, legen ihm als reflektierendes Verfahren die teilnehmende Beobachtung nahe.

Fragestellungen und Beobachtungshilfen:

- Welche Interaktionen finden zwischen den Spielern statt (Aktivität/Passivität, Kooperation/Isolation). Werden bestimmte Partner bevorzugt ausgewählt? Warum? Besteht Cliquenbildung?
- Wie verläuft der Kommunikationsprozess zwischen den Spielern? (Hören sich die Gruppenmitglieder gegenseitig zu? Beziehen sie sich im Gespräch aufeinander?) Wie gehen sie verbal miteinander um? Ist die Kommunikation mehr emotional-affektiv oder eher rational angelegt?
- Welche formellen und informellen Rollen gibt es und welche Auswirkungen haben sie im Hinblick auf das Verhalten der Mitspieler (z.B. Impulsgeber, Anreger, Meinungsführer)?

Am Ende einer Spielstunde kann die Reflexion dem Spielleiter wichtige Hinweise für die Planung künftiger Spielangebote geben:

- Wie war die Resonanz der Teilnehmer? (Sichtbare Reaktionen auf eine Spielstunde: Zustimmung, Lachen, Fröhlichkeit und Kontaktbereitschaft)
- Was waren die Ursachen für Lust oder Unlust? (Z.B. gelungene bzw. falsche Zusammenstellung der Spielangebote)
- Ging von den Spielen die vom Spielleiter beabsichtigte Wirkung aus? (Stimmten Zielsetzung, Methoden, Aktionsformen und Medien überein?)
- Was würde ich als Spielleiter das nächste Mal anders machen?

Die Selbstreflexion schließlich gibt dem Spielleiter Aufschlüsse über sein eigenes Verhalten und dessen Wirkungen auf die Spieler: Wie steht es um meine eigene Motivation? Wo liegen meine eigenen Stärken und Schwächen als Spielleiter/in? Wie werde ich mit unvorhergesehenen Situationen fertig? Gehe ich mit genügend Einfühlungsvermögen auf die Spieler/innen zu? Was tue ich, um Rückmeldung von der Gruppe zu bekommen? War ich vorrangig »Mitspieler/in« oder mehr »Anleiter/in«? Weshalb?

Als Spielleiter sollten wir den Spielern etwas Zeit geben, den Stil des selbst erprobenden und bestimmenden Spiels zu üben. Der Übergang von der Konsumhaltung im (schulischen) Lernen zur aktiven Produktionshaltung erfordert Geduld. Alte Lerngewohnheiten (Schweigen, Zurückhalten der eigenen Meinung, Unterschätzung der eigenen Fähigkeiten) müssen bei einigen Mitspielern immer erst abgebaut werden. Die frechen Spielangebote dieses Buches werden schon bald bei den Teilnehmern eine positive Wirkung hinterlassen.

Teilnehmer

Wer sich an den verschiedenen Formen »frecher Spiele« beteiligen möchte, sollte spiel- und experimentierfreudig sein, die Bereitschaft zeigen, neue Erfahrungen zu machen und sich auf eine Vielzahl unterschiedlicher Ausdrucks- und Gestaltungsmöglichkeiten einzulassen.

Bei einer Reihe von Spielen geht es auch darum, die Erwartungen, Bedürfnisse und Meinungen des jeweils anderen wahrzunehmen und zu verstehen, sich in ihn hineinzuversetzen und/oder sich mit ihm auseinander zu setzen.

Die Teilnehmer sollten genügend Zeit erhalten, um den Stil und die Varianten selbst erprobender Spielformen kennen zu lernen. Der Übergang von der Konsumhaltung im Lernen (wie in der Schule noch immer stark verbreitet) zur Produktionshaltung erfordert bei der Spielleitung etwas Geduld. Bei wenig erfahrenen bzw. ungeübten Mitspielern können wir anfängliche Zurückhaltung, Spielhemmungen und alte Lerngewohnheiten wie Schweigen oder

Unterschätzen der eigenen Fähigkeiten relativ schnell durch ein freundliches, bekräftigendes Auftreten des Spielleiters/der Spielleiterin auffangen und in konstruktive Bahnen lenken.

Ein Spielverhalten gibt es grundsätzlich in jeder Altersgruppe. Kinder sind noch relativ einfach zu motivieren. Mit zunehmendem Alter wird das Spielverhalten differenzierter, und es bestehen unterschiedliche Niveaus, die von der durchlaufenen Sozialisation der einzelnen Spieler mitbestimmt werden. Die Spiele dieses Buches richten sich vorrangig an Menschen ab etwa 12/13 Jahren aufwärts. Durch entsprechende Variationen und Vereinfachungen ist ein Teil der Spiele (z.b. der Kontakt-, Bewegungs- und Nonsensspiele) auch schon mit jüngeren Teilnehmern durchführbar.

Spielangebote und Spielauswahl

Spielstunden müssen geplant werden. Zwar gibt es weder eine programmierte Spontaneität, noch lässt sich Erfolg immer vorausplanen, dennoch kommen wir nicht umhin, uns umfassend vorzubereiten. Planung bedeutet nicht, den Einzelnen zu verplanen, sondern eine flexible Handlungsfähigkeit zu entwickeln, ohne die unser Vorgehen orientierungslos wäre.

Die Auswahl der Spiele aus dem vorhandenen Angebot dieses Buches, die Methoden und Medien sollten sich an den vorhandenen Bedürfnissen, Einstellungen, vorhandenen Kenntnissen und bereits gemachten Spielerfahrungen der Teilnehmer orientieren.

Für die Spielauswahl ergeben sich folgende Fragen:

- Welche Spiele sind für »meine« Gruppe geeignet?
- Welche Interessen und Spielwünsche lassen sich mit dem/den Spiel(en) befriedigen?
- Stelle ich die Spielstunde unter ein bestimmtes Motto oder soll sie z.b. Mittelpunkt bzw. integrierter Bestandteil einer Fete sein?
- Lassen sich gezielte pädagogische Absichten realisieren?
- Wie baue ich die Spielstunde methodisch auf?
- Für welche Spiele werden Materialien und Hilfsmittel benötigt?

- Welche Spiele eignen sich als Einstiegs-, Auflockerungs- und Schlussspiel?
- Worauf ist bei bestimmten Spielen besonders zu achten (z.b. sorgfältige Beobachtung bei Interaktionsspielen für das anschließende Reflexionsgespräch)?
- Wie bringe ich als Spielleiter das Spiel an die Teilnehmer heran?
- Sind Spielregeln im Hinblick auf »meine« Gruppe zu verändern?
- Werden bestimmte Fähigkeiten/Fertigkeiten vorausgesetzt?
- Welche Spieldynamik geht vom Spiel aus (z.b. kooperatives Spiel oder Spiel mit Wettbewerbscharakter)?

Die frechen Spiele bieten in ihrer Spielstruktur genügend Handlungsspielraum und ermöglichen so aktiv-kreatives Handeln der Teilnehmer und vielfältige Kommunikationsabläufe. Die Spiele verfügen über einen klaren Aufbau, besitzen leicht verständliche, variierbare Regeln und sind in ihrer Beschreibung ohne Schwierigkeiten nachvollziehbar. Für die Durchführung von Spielprogrammen ist es wichtig, eine Übersicht zu erstellen, aus der Reihenfolge und Dauer der einzelnen Spiele hervorgehen. Die Zusammenstellung der Spiele sollte Höhepunkte und einen sinnvollen Wechsel zwischen Anspannung und Entspannung bieten. Die Dauer der Spiele richtet sich im Wesentlichen nach dem Wunsch der Spieler.

Es empfiehlt sich, für den Einstieg Spiele zu wählen, die wenig Hemmungen wecken. Besonders geeignet sind Simultanspiele, bei denen alle oder mehrere gleichzeitig spielen (siehe auch »Kontaktspiele«). Bei Gruppen, die Ungewohntem etwas ängstlicher gegenüberstehen, beginnen wir am besten mit Spielen, die weder besondere körperliche noch psychische Anforderungen stellen. Beim Simultanspiel fühlt sich der Einzelne nicht so beobachtet, also angstfreier. Bei einer Spielsequenz bzw. Spielkette könnten dann Partner- und Kleingruppenspiele mit Kooperationscharakter folgen, bis schließlich Einzelaufträge vergeben werden.

Die meisten Spielformen dieses Buches haben das wechselseitige Reagieren von Spielpartnern zum Inhalt. Sie ermöglichen so die Entwicklung von Offenheit, Kooperation, konstruktive Rückmeldung und stellen ein Teilkonzept sozialen Lernens dar.

Materialien, Medien, Hilfsmittel und Raumangebot

Von Materialien können starke Spielanreize ausgehen. Sie besitzen in der Regel einen Aufforderungscharakter zum aktiven Handeln. Animierende Materialien, wie z.b. Verkleidungsutensilien, Tücher, Farben, Bänder, Schminke, Luftballons, verschiedene Papiere, Zeitungen, Kartons, Filzschreiber und anderes mehr, sollten bei der Durchführung von Spielsequenzen stets in greifbarer Nähe liegen. Es empfiehlt sich, die benötigten Materialien und Hilfsmittel (z.b. Tische, Stühle, Wolldecken) in einer Checkliste aufzuführen und gegebenenfalls eine Material- und Requisitenliste anzulegen. Beim Einsatz technischer Medien (z.b. Videokamera, Overhead, Diaprojektor, Kassettenrekorder) sind rechtzeitig die Geräte auf ihre Funktionsfähigkeit hin zu prüfen, damit der Spielverlauf nicht durch unnötige Pannen gestört wird. Die Spielbeschreibungen in diesem Buch verfügen über Materialhinweise. Die Mengenangaben sind auf die jeweilige Gruppengröße abzustellen, lieber großzügiger als zu knapp bemessen.

Bedenken Sie, dass beim Einsatz bestimmter Materialien und Hilfsmittel Veränderungen innerhalb der Räumlichkeiten vorzunehmen sind. Das Raumangebot ist daraufhin zu überprüfen. Grundsätzlich gilt, dass man für das Spielen keinen Anlass und keine besonderen Spielorte benötigt. Mit einer kleinen Einschränkung: Die angenehme Spielatmosphäre wird mitbestimmt durch die Raumgestaltung, Beleuchtung, Temperatur und Belüftung. Für unsere frechen Spielvorhaben müssen wir die Teilnehmerzahl der Größe des vorhandenen Raumangebotes anpassen und – wenn erforderlich – umgestalten und verändern (z.b. durch Vorhänge, Stellwände, Tische usw.).

Die frechen Spielangebote

Kribbeln im Bauch, Selbstinitiative, Spontaneität, Anbahnung, gelöste Stimmung: Kontaktspiele

Schaut man in die Anzeigenteile vieler Zeitungen, so findet man viele Hinweise auf verpasste Gelegenheiten wie diese:»Letzten Samstag im ›Abaco‹. Der Typ im roten Poloshirt möchte gern das Mädchen mit den blonden Haaren und dem blauen Halstuch kennen lernen. Deine Freundin nannte dich ›Trixi‹. Trinken wir ein Bier zusammen. Bitte lass von dir hören unter …«

Das Beispiel zeigt, dass sich jemand nicht getraut hat, einen fremden Menschen anzusprechen, mit dem er gerne Kontakt aufgenommen hätte. Viele Menschen – Jugendliche wie Erwachsene – scheuen das Risiko einer Zurückweisung und werden deshalb erst gar nicht aktiv. Oder sie suchen den Umweg über die Zeitungsanzeige.

Ob eine Annäherung erwünscht oder als lästige »Anmache« empfunden wird, hängt letztlich vom Adressaten ab. Eine bestimmte Kontaktfähigkeit beeinflusst wesentlich das Interaktions- und Kommunikationsgeschehen. Soziale Interaktion und Kommunikation dienen der Herstellung und Aufrechterhaltung von Beziehungen. Ohne sie entwickelt der Mensch kein Selbstwertgefühl. Unter sozialer Interaktion verstehen wir die durch Kommunikation vermittelte, wechselseitige Beeinflussung von Individuen oder Gruppen bezüglich ihres Handelns. Kommunikation beschreibt den Informationsaustausch zwischen Menschen. Er geschieht durch Sprache, Mimik, Gestik, bildliche Darstellungen, Schriftzeichen und Symbole. Bei den ersten Treffen neuer Gruppen besteht immer wieder das gleiche Problem: Man kennt sich noch nicht und hat noch keine gemeinsamen Erlebnisse, an die man anknüpfen kann. Zwar besteht bei jedem der Wunsch dazuzugehören, allerdings existieren noch Schwellenängste, nicht anzukommen.

Kontaktspiele werden dem Bedürfnis jeder neu zu bildenden Gruppe gerecht, Kontakte aufzunehmen und sich kennen zu lernen. Kontaktspiele helfen, beängstigende Situationen zu umgehen und Schwellenängste zu verringern und abzubauen. Sie erleichtern das Kennenlernen und fördern durch eine gelöste Grundstimmung die Spielbereitschaft der Gruppe.

Das wichtigste Anliegen der Kontaktspiele ist die Befriedigung der Bedürnisse der an Interaktion/Kommunikation beteiligten Personen.

Spielangebote

Wo steckt dein Name?

Material: Filzstifte, Papier, Pappe, Sicherheitsnadeln, Fingerfarben.

Ein schönes Kontaktspiel. Jeder Teilnehmer erhält die Aufgabe, seinen Namen so an sich anzubringen, dass die anderen, die seinen Namen erfahren wollen, direkten Kontakt aufnehmen müssen.

So kann man z.B. seinen Namen an der Gürtelschnalle befestigen, den Namen auf Papier schreiben und um den Hals hängen oder den Namen mit abwaschbarer Fingerfarbe auf den Arm schreiben und das Hemd oder den Pullover darüber ziehen.

Wem fällt ein besonders originelles Namensversteck ein?

Spielintention: Kontaktaufnahme, Kennenlernen, Körperkontakt.

Das V.I.P.-Spiel

Material: Stecknadeln und vorbereitete Karten.

Bei diesem lebhaften Eröffnungsspiel treffen V.I.P.s – sehr prominente Persönlichkeiten – aufeinander. Ob sie noch unter den Lebenden weilen oder bereits das Zeitliche gesegnet haben, spielt keine Rolle. Wolfgang Amadeus Mozart kann ebenso dabei sein wie Heinz Rühmann, Franz Joseph Strauß oder Königin Elisabeth II. Es können Tarzan und Helmut Kohl aufeinander treffen oder sich

Popstar Prince, Julius Cäsar und Zarah Leander unterhalten. Zu Beginn heftet die Spielleitung jedem Mitspieler mit einer Stecknadel eine Karte (ca. 7 × 10 cm), die den Namen einer bekannten Persönlichkeit trägt, auf den Rücken. Der Spieler selbst weiß nicht, wer er ist.

Haben alle einen Namen erhalten, suchen sie sich Gesprächspartner, um zu erfahren, in wessen »Haut« sie gesteckt wurden. Durch einen Blick auf den Rücken seines Gegenübers weiß der Spieler, mit wem er es zu tun hat.

Gegenseitig stellt und beantwortet man sich jetzt Fragen, die Hinweise auf die eigene Identität geben (z.B.: Bin ich ein Schauspieler? Bin ich eine Frau? Lebe ich noch? usw.). Das Spiel endet, wenn sich alle Spieler selbst erkannt haben. Sollte es für einige »Promis« zu schwierig werden, sich zu erkennen, wird die Spielleitung eine kleine Hilfestellung geben. Der Schwierigkeitsgrad der zu ratenden Personen, d.h. ihre Bekanntheit, sollte auf die Gruppe abgestimmt sein.

Spielintention: Kontaktaufnahme, Anregung zum Gespräch, Lockerung.

Atome und Moleküle

Dieses Spiel hätte sicher auch Albert Einstein gefallen. Alle Mitspieler sind Atome, die sich zuerst einzeln und frei im Raum bewegen, bevor sie sich auf Anweisung der Spielleitung zu Molekülen unterschiedlichster Art zusammenballen. Heißt es z.B.: »Molekül fünf!«, dann bilden sich so schnell wie möglich Fünfergruppen. Die übrig bleibenden Atome reihen sich beim nächsten Impuls wieder in die Gruppe ein.

Neben Zahlen lassen sich auch andere Merkmale als verbindender Impuls nennen: Augenfarbe, Geburtsjahr, Haarfarbe, Schuhgröße, Hobbys, Lieblingsgerichte, Farben …

Das Spiel lebt besonders vom schnellen Wechsel der Impulse.

Spielintention: Kontaktaufnahme, Abbau von Berührungsscheu, Spaß an der Bewegung.

Steckbrief

Je zwei Spieler setzen sich gegenüber und betrachten sich für eine feste Zeit von 3 Minuten ganz genau.
Nachher sollen sie eine Beschreibung des Gegenübers abgeben, die es ermöglicht, einen genauen Steckbrief anzufertigen.

Spielintention: Interesse am Mitspieler wecken, Wahrnehmung.

Begrüßungen

Um das Bewusstsein von Begrüßungsformen und gewohnheitsmäßigem Verhalten geht es bei diesem kleinen Spiel.
Die Teilnehmer werden gebeten, im Raum umherzugehen und sich zu begrüßen, aber hierbei weder die Stimme noch die Hände einzusetzen.

Spielintention: Erleben fehlender Ausdrucksmöglichkeiten, entwickeln alternativer Begrüßungsformen, Gespräch über das Erlebte und alltägliche Begüßungsrituale.

Blinde und Sehende

Material: Kassetten (CDs, Schallplatten) mit ruhiger Musik.

Auch dieses Spiel ist etwas für Gruppen, die sich schon besser kennen.
Die Spielgruppe wird in Paare aufgeteilt, die nacheinander verschiedene Aufgaben ausführen:

1. Der Blinde wird an beiden Händen und mit sprachlicher Unterstützung durch den Raum geführt.
2. Der Blinde wird nur mit der Hand geführt (ohne Sprache).
3. Es besteht nur noch Kontakt über mehrere Fingerspitzen (die Partner stehen sich gegenüber).
4. Der Blinde wird durch einen Summton des vorangehenden sehenden Partners geführt.

5. Der Blinde geht allein durch den Raum. Der Sehende gibt seine Anweisungen deutlich von einer Raumseite aus.
6. Der Sehende lässt den Blinden bestimmte Gegenstände im Raum ertasten, an Blumen riechen und geleitet ihn über verschiedene Hindernisse wie Stühle und Tische.
7. Die Paare (Blinde und Sehende) tanzen und halten Kontakt mit den Händen. Auf ein Signal werden die Blinden von den Sehenden an andere Sehende weitergereicht.
8. Jetzt sind alle Spieler blind und bewegen sich im Raum. Sie ertasten ihre Mitspieler (Hände, Gesichter, Haare usw.). Hierfür steht genügend Zeit zur Verfügung.

Am Ende sprechen die Spieler über ihre gemachten Erfahrungen.

Spielintention: Vertrauen entwickeln, nonverbale Kommunikation, Kooperation.

Fußkontakte

Für dieses prickelnde Kontaktspiel setzt sich jeweils ein Paar ohne Schuhe einander gegenüber in einem Abstand, dass sich ihre Füße berühren können. Mit geschlossenen Augen nehmen die Spielpartner über ihre Füße Kontakt miteinander auf.

Steigerung: Die beiden setzen sich im Schneidersitz einander gegenüber, schließen die Augen, nehmen vorsichtig Kontakt mit ihren Händen auf und erkunden so einander.

Spielintention: Berührungsängste bewusst erleben und thematisieren, zärtlich miteinander umgehen lernen.

Einbrechen

Die Spieler bilden zwei gleich große Gruppen. Die eine verlässt den Raum, während die andere Gruppe einen dichten Kreis bildet (Arme auf die Schultern legen). Nun verabredet der Kreis ein bestimmtes Verhalten (z.B. den Rücken streicheln, sanft am Ohrläppchen ziehen, das linke Bein kraulen), bei dem er sich öffnet.

Die Außengruppe wird hereingebeten und versucht, das verabredete Zeichen zu finden, indem sie verschiedene Verhaltensweisen ausprobiert. Jeder steht hinter einem Spieler der Kreisgruppe. Wer von der Außengruppe das Richtige herausgefunden hat, indem er z.b. einer Person des Innenkreises den Bauch streichelt, wird in den Kreis hineingelassen.

Variation: Eine Gruppe bildet mit Handfassung einen fest geschlossenen Innenkreis, während die andere Gruppe (oder einzelne Mitspieler) ohne Gewaltanwendung versucht, in den Kreis einzubrechen.

Spielintention: Kontaktaufnahme, Berührungsängste bewusst erleben und besprechen, behutsam miteinander umgehen.

Punkt-Dialog

Material: Je Teilnehmer ein Schminkstift.

Ein Spieler nimmt einen Schminkstift seiner Wahl in die Hand. Alle Mitspieler bewegen sich durch den Raum. Jeder versucht nun, eine Person zu finden, der er mit seiner Farbe einen Punkt ins Gesicht setzen darf. Dialog-Beispiel:»Du magst bestimmt gelb?« – »Wie kommst du darauf?« – »Bei deiner freundlichen Ausstrahlung! Darf ich dir einen Punkt aufmalen?«»Nein, lieber nicht.« – Oh, Verzeihung. Dann hab ich mich wohl geirrt.« Die beiden Spieler gehen wieder auseinander. Wer mit einem Punkt gekennzeichnet ist, setzt sich mitten unter die Gehenden.

Spielintention: Kontaktaufnahme, Dialog, Sensibilität.

Identifikationen

Material: Vorbereitete Karten mit Begriffen.

Die Spielleitung hängt Karten (DIN A5) mit verschiedenen Begriffen oder Eigenschaften im Raum auf. Jeder Spieler soll sich zu einem der Begriffe stellen. Haben sich alle Spieler zugeordnet, erklä-

ren sie kurz, warum sie gerade die Eigenschaft gewählt haben. Anschließend werden neue Begriffe aufgehängt und das Spiel beginnt
von vorn.

Beispiele für Begriffe-Karten:

- Katze, Hund, Fisch, Vogel, Schlange
- Sonne, Regen, Wolke, Wind, Donner
- Wasser, Sand, Palme, Gras, Steine
- gelb, rot, lila, blau, grün

Spielintention: Kennenlernen, sich mit den Mitspielern beschäftigen, ins Gespräch kommen.

Über die Köpfe

Alle Teilnehmer stellen sich für dieses Warming-up-Spiel in einer
engen Doppelreihe mit dem Gesicht nach vorne auf. Der vorderste
Spieler lehnt sich zurück, wird emporgehoben und über den Köpfen der Mitspieler nach hinten durchgereicht. Beim ersten Spieldurchgang könnten Ängste bestehen, fallen gelassen zu werden.
Das Gewicht verteilt sich jedoch – selbst bei schweren Mitspielern –
auf so viele Hände, dass es in der Regel keine Probleme gibt. Wir
sollten dennoch vor Spielbeginn über mögliche Ängste sprechen.

Spielintention: Warming-up-Spiel, Vertrauensübung, ungewöhnliche Körpererfahrung.

Orangentour

Material: Orange, Banane, kleiner Ball.

Für dieses schöne »Erwärmungsspiel« stellen sich die Spieler im
Kreis auf. Auf ein Zeichen der Spielleitung hin klemmt sich ein
Teilnehmer die Orange unter das Kinn, dreht sich zum rechten
Nachbarn und gibt die Orange, ohne die Hände einzusetzen, an
ihn weiter. Dieser versucht dasselbe mit seinem Nachbarn.

Das Spiel ist zu Ende, wenn die Orange (Ball oder Banane) wieder beim Ersten angelangt ist. Fällt sie zwischendurch zu Boden,

wird bei dem Spieler begonnen, der sie als Letzter unter dem Kinn halten konnte.

Spielintention: Auflockerung, Kontaktaufnahme, Kooperation, Spaß.

Telekom

Dieses Spiel hat etwas mit dem Zustandekommen drahtloser Kommunikation zu tun. Alle Spieler setzen sich paarweise mit ihrem Rücken zueinander in einen Kreis. Die Spielleitung erläutert die Spielregel: Wem einmal auf die Schulter geklopft wird, hat eine Verbindung erhalten, bei zweimaligem Klopfen ist die Verbindung unterbrochen. Die Spieler können vor Spielbeginn einem Beruf oder einem Prominenten zugeordnet werden, mit dem sie fragen bzw. antworten sollen. Die Spielleitung kann immer neue Verbindungen herstellen, ohne dass jemand weiß, mit wem er gerade verbunden ist.

Spielintention: Kontaktaufnahme, Spannung, originelle Dialoge, Spaß.

Begrüßungen

Die Spieler gehen im Kreis umher und versuchen auf ein Kommando der Spielleitung, so viele Hände wie möglich zu schütteln und dabei deutlich ihren Namen zu sagen. Nach etwa 2 Minuten gibt es jeweils eine neue Anweisung: zuwinken, unterkühlt grüßen, überschwänglich auf den anderen zugehen; den Lehrer, den Chef begrüßen; hochnäsig, arrogant, belanglos, gelangweilt grüßen; den tollen Typ/das nette Mädchen, das man gerne näher kennen lernen würde, grüßen; verliebt, erotisch …

Spielintention: Unterschiedliche Grußformen bewusst erleben und thematisieren, (non)verbale Ausdrucksmittel erfahren, über Grußrituale sprechen.

Lebensbilder

Material: Makulaturpapierrolle, dicke Filzstifte, Tesakrepp.

Für dieses intensive Kennenlernspiel, das in der Regel bis zu einer Stunde dauert, bilden wir Paare.

Ein Spieler zeichnet die Körperumrisse seines Partners mit einem Filzstift auf eine entsprechend große Papierunterlage. Dann erhält der Gezeichnete den Filzer und füllt seinen Körperumriss mit Leben, indem er hineinschreibt und hineinzeichnet, was er so macht, wo er lebt, welche Vorlieben und Abneigungen er hat, Interessen, Hobbys, Zukunftswünsche, Sehnsüchte, Sorgen usw.

Ist die Umrisszeichnung mit »Leben« gefüllt, tauschen die Spielpartner die Rollen. Sind beide Zeichnungen fertig, werden sie aufgehängt. Die Mitspieler gehen herum und stellen Fragen zu den einzelnen »Lebensbildern«.

Spielintention: Intensives Kennenlernen, Selbstdarstellung, Sensibilisierung.

Kontaktanzeige

Material: Papier, Schreibzeug und kleine Zettel.

Ein reizvolles, freches Spiel, für das sich die Gruppe schon etwas kennen sollte. Durch Ziehen von Namenszetteln erhält jeder den Namen eines Mitspielers, für den er eine Anzeige zwecks Suche eines Partners formulieren soll. Nach etwa 10 Minuten werden die Anzeigen eingesammelt und von der Spielleitung vorgelesen. Sowohl der Beschriebene als auch der Schreiber sind zu erraten.

Dann kann der Betroffene Stellung nehmen, ob er sich wieder erkennt und ob sein Partnerwunsch getroffen wurde. Eventuell kann auch in der Gruppe besprochen werden, ob es gemeinsame Vorstellungen von Partnern gibt, woher das wohl kommt und ob man seinem Wunschbild schon einmal begegnet ist.

Einige Inspirationen aus dem Anzeigenmarkt:

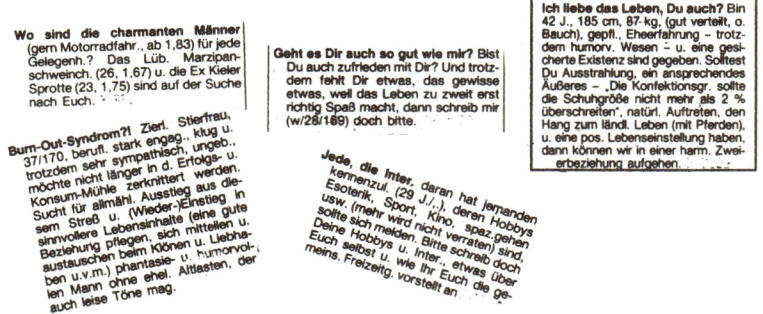

Spielintention: Fremd- und Selbsteinschätzung, Wahrnehmung, Einfühlungsvermögen, Artikulation von Wunschvorstellungen.

Psycho-Kick

Material: 75 vorbereitete Spielkarten (mindestens 5–6 pro Spieler), Papier und Filzstifte.

Ein wirklich freches Spiel zum intensiven Kennenlernen, an dem die Spielleitung selbst teilnehmen sollte, um ein möglichst offenes Klima zu entwickeln.

Alle Teilnehmer sitzen im Kreis. In dessen Mitte liegt ein gemischter, umgedrehter Kartenstoß mit Instruktionen.

Nacheinander nimmt jeder Spieler im Uhrzeigersinn eine Karte auf, liest die Anweisung laut vor und führt sie sogleich aus. Vor Spielbeginn einigen sich die Teilnehmer auf 3 Regeln:

1. Das Spiel ermöglicht jedem Mitspieler Selbsterfahrungen. Es ist jedoch kein Ersatz für eine systematisch betriebene Gruppendynamik.
2. Jeder Spieler erhält für seine Spielausführung von der Gruppe eine ehrliche und offene Rückmeldung. Der Ausführende äußert sich zu den Beiträgen der Mitspieler.

3. Möchte ein Spieler eine für ihn unakzeptable Aufgabe nicht durchführen, kann er sie ablehnen.

Die folgenden 75 Instruktionsvorschläge sind auf Karten (ca. 7 x 10 cm) zu übertragen und können als Spielmaterial eingesetzt werden:

- Sage jedem Mitspieler etwas, von dem du annimmst, dass es ihn freut.
- Hättest du 3 Wünsche frei, was wünschtest du dir?
- Meinst du, dass man als Erzieher Kindern manchmal einen Klaps hintendrauf geben muss, um sie zum richtigen Verhalten zu bringen?
- Findest du schnell Kontakt zu fremden Menschen?
- Erzähl uns, welchen Persönlichkeitstyp du am ehesten verkörperst und inwiefern.
- Formuliere für dich selbst eine Annonce als Bewerbung für deinen »Traumberuf«.
- Hältst du dich für einen Pessimisten?
- Wärest du ruhiger/ausgeglichener, wenn es keine Uhren gäbe?
- In welchen Situationen bist du regelmäßig gerührt?
- Würdest du dich eher für »hart« oder »weich« halten und inwiefern?
- Schreibe für jeden Mitspieler eine freundliche Schmeichelei auf. Ein Mitspieler liest vor und lässt erraten, wem welche Bemerkung zugedacht war.
- Erzähle über dich und schneide dabei kräftig auf.
- Welche drei Dinge machen dich besonders nervös?
- Stelle dir vor, du wärst ein winziges Teilchen und könntest deinen eigenen Blutkreislauf durchfahren. Welche Erlebnisse hast du dabei? Beschreibe sie.
- Versuchst du, den Umgang mit schwierigen Menschen zu meiden?
- Beschreibe, wie du nach außen wirkst und inwieweit dieser Eindruck falsch ist.
- Stelle drei Körperhaltungen dar, die Arroganz und Überheblichkeit zum Ausdruck bringen.
- Parodiere zwei Mitspieler auf lustige Weise.

- Stelle eine verwandtschaftliche Beziehung zwischen dir und Wolfgang Amadeus Mozart dar.
- »Modelliere« einen (freiwilligen) Mitspieler so, wie du ihn nicht sehen möchtest (Haltung, Mimik usw.).
- Würdest du einen Beruf, der dir Spaß macht, aber wenig Geld einbringt, für einen uninteressanten Job eintauschen, der mehr als doppelt so viel Geld bringt?
- Wärst du gerne noch einmal sechs Jahre alt?
- Glaubst du, dass dir das interessanteste Ereignis deines Lebens noch bevorsteht?
- Sage jedem Mitspieler etwas, das du ihm normalerweise nie sagen würdest.
- Ist in deinem Bekanntenkreis eine Person, die du beneidest?
- Wenn es ein Medikament geben würde, mit dem du 300 Jahre alt werden könntest, würdest du es nehmen und was hättest du dann vor?
- Du hast jetzt die Möglichkeit, jedem Mitspieler offen und ehrlich zu sagen, was du am liebsten mit ihm tätest.
- Welche pantomimischen Möglichkeiten hast du, um zu signalisieren: »Ich möchte nicht mehr allein sein«?
- Was hältst du im Allgemeinen vom anderen Geschlecht?
- Mache zu jedem Mitspieler eine lustige Bewegung.
- Bringe drei Dinge, die du am liebsten tust, in eine Rangfolge.
- Sprich über dein markantestes Merkmal. Wie zeigt es sich?
- Frage jeden Mitspieler etwas Konkretes, was du über ihn wissen willst.
- Würdest du in einer großen Hungersnot auch deine Katze essen?
- Was hältst du vom Weinen in Gegenwart anderer?
- Was würdest du tun, könntest du die Zukunft anderer Menschen voraussehen?
- Beschreibe eine imaginäre Begegnung mit einer verstorbenen Person deiner Wahl.
- Flüstere jedem Mitspieler ein Wort ins Ohr, das dir bei seinem Anblick gerade einfällt.
- Erkläre jedem Mitspieler, inwiefern du ihm ähnlich bist.
- Machst du dir über deine Zukunft häufig Gedanken?

- Welches Verhalten eines anderen würde für dich das Ende einer Freundschaft bedeuten?
- Wenn du erfahren würdest, in einem Vierteljahr sterben zu müssen, wie würdest du dann weiterleben?
- Mit wem aus der Gruppe würdest du für ein Jahr auf einer einsamen Insel zusammenleben?
- Nenne einige Persönlichkeitsmerkmale, die du gerne besitzen würdest und nicht im gewünschten Ausmaß besitzt.
- Wenn man Begabungen kaufen könnte, für welche würdest du 100 000 Euro ausgeben?
- Schildere den ersten Eindruck, den du machst.
- Erläutere uns, inwiefern du ein geselliger bzw. ungeselliger Mensch bist.
- Wenn du so berühmt wärst, dass dich jeder sofort auf der Straße erkennt, wäre dir das unangenehm?
- Gehe zu jedem Mitspieler und sage etwas Nettes.
- Formuliere eine Heiratsanzeige für dich selbst.
- Würdest du gerne etwas Böses tun, wenn ja, was und warum?
- In welchem Jahrhundert würdest du gerne leben und warum?
- Verhalte dich einmal völlig ungeniert.
- Hättest du gern einen anderen Vornamen? Wenn ja, welchen?
- Stelle drei Körperhaltungen dar, die gelöste Selbstzufriedenheit ausdrücken.
- Sagst du jemandem die Wahrheit, auch wenn du weißt, dass es für ihn verletzend ist?
- Schau einem Mitspieler fest in die Augen, bis er lachen muss.
- Schreibe für jeden Mitspieler einen Fantasienamen auf, der sein Wesen zum Ausdruck bringt. In 5 Minuten werden die Namen vorgelesen.
- Stört es dich, wenn du in der Bahn oder im Restaurant sitzt und jemand ein Gespräch anfangen will?
- Sage jedem Mitspieler etwas, von dem du annimmst, dass es ihn überrascht.
- Welche Rolle spielt die Einsamkeit in deinem Leben?
- Beschwerst du dich beim Kellner, wenn du mit einem Essen nicht zufrieden bist?
- Sage dir einmal schonungslos die Meinung.

- Hättest du gerne einen größeren Bekannten- oder Freundeskreis?
- Gibt es eine Charaktereigenschaft, die dir schon einmal sehr geschadet hat?
- Sage jedem Mitspieler, was du besonders an ihm magst.
- Nimm nacheinander drei Körperhaltungen ein, die dein Wesen gut ausdrücken.
- Würdest du nachts allein zwei Kilometer einen unbekannten Wald zur nächsten Stadt durchqueren?
- Sage jedem Mitspieler, woran er dich erinnert.
- Äußere einem Mitspieler gegenüber einen erfüllbaren und einen unerfüllbaren Wunsch.
- Gib eine kurze Würdigung deiner Persönlichkeit.
- Interpretiere drei beliebige Verkehrszeichen als Ratschläge für den Umgang mit deinen Mitmenschen.
- Nenne drei Argumente, die für die Großfamilie sprechen.
- Welche Eigenschaften siehst du bei anderen am liebsten?
- Inwiefern bist du eitel oder stolz?

Natürlich kann die Spielgruppe jederzeit eigene Instruktionen (Anweisungen) erfinden und ins Spiel bringen. Die Karten sind auf den Teilnehmerkeis abzustimmen.

Spielintention: Intensives Kennenlernen, Abbau von Hemmungen, Kommunikation, Kritik äußern und annehmen, Wünsche artikulieren, sprachlicher und mimisch-gestischer Ausdruck, Selbstdarstellung, Kontaktfähigkeit fördern, Belastbarkeit.
(Das Spiel ist im Lambertus Verlag, Freiburg erschienen.)

Freundschaftsbilanz

Material: Vorbereitete Karten.

Weißt du noch, was wir damals alles zusammen angestellt haben?«
So oder ähnlich könnte ein Gespräch zwischen zwei Freunden beginnen, die sich nach langer Zeit zufällig treffen. Es wird über vergangene Tage, gemeinsame Schulerlebnisse, vollbrachte »Glanzstü-

cke« und das gesprochen, was beide miteinander verbindet. Nennen wir es Nachholbedarf oder Wiedersehensfreude. Auf alle Fälle wird die Freundschaft aufgefrischt. Warum überlassen wir so viele Dinge dem Zufall? Deshalb laden wir zu unserer Fete Freunde von damals und heute ein.

In einer Art »Freundschaftsbilanz« werden Karten mit jeweils einem Thema beschriftet, dann gemischt und gleichmäßig verteilt. Reihum spricht jeder Teilnehmer über die Themen, die er erhalten hat – bezogen auf einen oder mehrere Anwesende. An zwei Regeln haben sich alle zu halten:

1. Die Äußerungen müssen ehrlich und ohne Abschweife sein.
2. Alle bemühen sich redlich, niemandem etwas übel zu nehmen, selbst freche Bemerkungen nicht.

Themenvorschläge für die »Bilanz«-Karten:

- Erster Kontakt/erste Begegnung
- Wie entwickelt sich die nähere Beziehung?
- Gemeinsame Erlebnisse
- Verbindende Ereignisse/Erlebnisse
- Gab es Störungen/Verstimmungen?
- Wie entstand die engere Freundschaft?
- Gemeinsame Freunde
- Gemeinsame Vorlieben und Abneigungen
- Unterschiedliche Auffassungen
- Unterschiedliche Lebensweisen
- Gemeinsamkeiten der augenblicklichen Lebenssituation
- Gemeinsame Anschauungen

Dieses Spiel eignet sich vorrangig für einen Personenkreis, der sich sehr gut kennt, um alte Freundschaften aufzufrischen und gegenwärtige zu festigen.

Spielintention: Sachliches Gespräch über freundschaftliche Beziehungen, Missverständnisse vermeiden, Toleranz üben.

Bessern kann sich jeder

Material: Blätter mit vorbereitetem Fragenkatalog.

Schlechte Angewohnheiten schaden uns, indem sie die Kommunikation mit unseren Mitmenschen nicht nur kurz-, sondern auch langfristig negativ beeinflussen.

   Dieses Kommunikationsspiel ist nur für kleinere Gruppen geeignet, die sich bereits gut kennen. Jeder Teilnehmer erhält ein Blatt Papier, auf dem 15 Fragen zu den eigenen schlechten Angewohnheiten stehen. Hinter jede Frage ist eine Zahl von 0 bis 4 zu schreiben.

   0 = nie   1 = selten   2 = manchmal   3 = öfter   4 = sehr oft

Fragenkatalog (Vorschlag)	
Habe ich Probleme, wenn jemand konstruktive Kritik äußert? Werde ich dann mürrisch oder ausfallend?	
Unterbreche ich andere beim Sprechen und lenke zu Themen, die mich interessieren?	
Mache ich mich auf Kosten anderer lustig?	
Höre ich anderen zu, wenn sie mit mir sprechen?	
Versuche ich, anderen meine Meinung aufzudrängen?	
Bin ich vorwiegend auf meine Wirkung, z.B. im Mittelpunkt zu stehen, bedacht?	
Versuche ich, eine Unterhaltung ganz allein zu bestreiten?	
Rede ich von meinen Ideen bei jeder Chance, die sich mir bietet?	
Werde ich laut, schreie ich mit anderen, wenn ich aufgebracht oder wütend bin?	
Bin ich ungeduldig, wenn andere nicht meiner Meinung sind?	
Streite ich, statt Meinungsverschiedenheiten zu erörtern?	
Bin ich gekränkt, wenn ich von anderen aufgefordert werde, etwas zu ändern, was ich gemacht habe?	
Bin ich »besserwisserisch« im Umgang mit anderen?	
Äußere ich mich ironisch oder abwertend über Ideen, Verhaltensweisen und Kleidung anderer Menschen?	
Bin ich hin und wieder »launisch« und »ungenießbar«?	

Nach der Selbsteinschätzung wird der ausgefüllte Bogen an die Mitspieler mit der Bitte um Rückmeldung und Kontrolle (Fremdeinschätzung) weitergereicht. Anschließend sprechen alle über ihre weniger angenehmen Angewohnheiten und Möglichkeiten, diese abzustellen. Denn: Bessern kann sich jeder.

Der Fragenkatalog lässt sich je nach Wunsch der Gruppe kürzen oder erweitern.

Spielintention: Sich seiner negativen Angewohnheiten bewusst werden, Selbst- und Fremdeinschätzung, Toleranz, offenes Gespräch.

Eisscholle

Material: Zeitungen, Tesafilm.

Mehrere Zeitungsseiten werden zu einem großen Papierbogen zusammengeklebt. Für mehrere Spieldurchgänge empfiehlt es sich, gleich einige Bogen vorzubereiten.

Der große Papierbogen ist eine Eisscholle, auf der alle Spieler – bis auf einen – durch die Arktis treiben. Ein Spieler ist die Sonne, die die Eisscholle zum Schmelzen bringt, indem sie mehr oder weniger große Stücke abreißt. Während er von außen versucht, ein Stück nach dem anderen abzureißen, bemüht sich die Eisschollenbesatzung, möglichst lange auf dem Floßersatz zu bleiben. Dennoch kommt es langsam, aber sicher zum Bad im kühlen Nass …

Spielintention: Kooperation, Körperkontakt, Körperbeherrschung, Spaß.

Ohr zu Knie

Das Spiel ist eine einladende und amüsante Möglichkeit, zugleich mit verschiedenen Spielpartnern und verschiedenen Körperteilen in Berührung zu kommen.

Alle Spieler gehen paarweise im Raum umher. Einer ruft z.B. »Rücken zu Rücken« – und alle lehnen ihre Rücken aneinander. Kontaktmöglichkeiten könnten auch sein:

Handfläche zu Handfläche, Knie zu Knie, Po zu Po, Auge zu Auge, Wange zu Wange, Nase zu Nase, Ohr zu Knie usw.

Ruft der Spieler »Wechseln!«, so finden sich neue Paare zusammen. Wer übrig bleibt, gibt die neuen Anregungen.

Spielintention: Kontaktaufnahme, Abbau von Berührungsängsten, Spaß.

Das Paketspiel

Material: 1 langes Seil.

Das Spiel erfordert ein gewisses Maß an gegenseitiger Abstimmung und Taktik.

Alle Teilnehmer stellen sich eng zusammen. Die Spielleitung bindet um sie herum möglichst eng ein Seil. Aufgabe der Gruppe ist es, als »geschnürtes Paket« so schnell wie möglich von einem Ort A zu einem Ort B zu gelangen.

Spielintention: Abbau von Berührungsängsten, Körperkontakt, Kooperation, Problemlösungsstrategien entwickeln.

Selbstüberwindung, Schlagfertigkeit, Wortwitz und Gestaltungsfreude: Spiele mit der Sprache

> *Schlagfertigkeit ist das, was du gern gesagt haben möchtest.*

Nüchtern ausgedrückt ist Sprache ein System von Lauten und Zeichen, die durch Regeln miteinander in Verbindung stehen. Unsere Sprache und unsere Gedanken sind eng miteinander verbunden. Manchmal allerdings geht der Gedanke dem Gesagten voraus, und es passiert, dass wir sprechen, ohne zu denken.

Immer wieder befinden wir uns, ob in der Schule, am Arbeitsplatz oder in der Freizeit, in Situationen, deren Ausgang entscheidend von unseren sprachlichen und rhetorischen Fähigkeiten und unserer Ausdrucksweise abhängt.

Unsere Rede- und Ausdrucksweise beeinflusst die Meinung anderer über uns und nicht zuletzt die eigene Denkweise. Sprache hilft, die Gedanken zu kontrollieren, und kontrollierte Worte bedeuten in der Regel einen kontrollierten Geist.

Unsere Sprache macht es möglich, Gefühle und Bedürfnisse auszudrücken. Sie informiert, sozialisiert und entscheidet über den Anteil des Menschen am gesellschaftlichen und kulturellen Leben.

Im spielerischen Umgang mit der Sprache erfahren die Spieler die Wirkung von Tonfall, Lautstärke, Betonung, Sprechgeschwindigkeit und Sprechpausen. Das Kennenlernen der Ausdrucks- und Modulationsfähigkeit der eigenen Stimme ist eine wichtige Selbsterfahrung.

Die folgenden Spielangebote machen den Teilnehmern die Vielfalt sprachlicher Ausdrucksmöglichkeiten bewusst. Emotionen werden sprachlich sichtbar gemacht (Freude, Zuneigung, Ärger, Trauer, Zorn, Aufregung usw.), intensives Sprechen geübt, der Wortschatz erweitert, die »Schlagfertigkeit« trainiert.

Das Erkennen der eigenen sprachlichen Ausdrucksmöglichkeiten fördert z.B. im Rollenspiel das individuelle Differenzieren und die Fähigkeit des Zuhörens, die für ein sinnvolles Kommunizieren unumgänglich sind. Im verbalen Spiel erleben die Teilnehmer auch verschiedene Manipulationsmöglichkeiten durch die Sprache und machen sich bewusst, wie man sich vor ihnen schützen kann.

Spielangebote

Marktschreierspiel

Material: Verschiedene Gegenstände wie Kugelschreiber, Kamm, Radiergummi, Handschuh, Portmonee usw.

Einen Marktschreier hat jeder schon einmal erlebt. Sein Metier ist es, möglichst wortgewandt ein Produkt an den Mann bzw. die Frau zu bringen.

Vor Spielbeginn lässt die Spielleitung beliebige Gegenstände einsammeln. Aus ihnen können sich zwei Spieler je einen Gegenstand aussuchen, den sie nun der geschätzten Käuferschar anpreisen. Dass der angebotene Gegenstand ganz besondere, geradezu fantastische Vorzüge hat, versteht sich von selbst.

Wer erweist sich als besonders ausdauernder Anbieter seiner Ware? Welcher Marktschreier muss zuerst lachen?

Spielintention: Wortgewandtheit, Selbstbeherrschung, Erleben von Lautstärke, Tonfall und Betonung.

Kettenstory

Die Spieler sitzen im Stuhlkreis. Einer beginnt z.b.:»Als ich letztes Wochenende am Strand war, fand ich eine Flaschenpost. Ich öffnete sie und war entsetzt, als ich las …« Jeder Spieler erzählt 2, 3 Sätze, an den vorhergehenden Erzähler anknüpfend.

Die Kettengeschichte macht so lange die Runde, bis die Spieler der Meinung sind, dass sie ihr Ende gefunden hat.

Spielintention: Erzählfreude, Fantasie, Redegewandtheit.

Reizworttheater

Material: Karteikarten bzw. Zettel im DIN-A-7-Format in 4 verschiedenen Farben, Schreibzeug.

»Reizwörter« können der Ausgangsstoff für viele Stegreifspiele sein. Dafür ordnen wir Wörter 4 verschiedenen Oberbegriffen zu und schreiben sie auf Karten.

Zu folgenden Oberbegriffen werden Karten mit »Reizwörtern« geschrieben:

Gegenstand	Personen	Ort der Handlung	Motiv
z.b.: Tabletten	alter Herr	Apotheke	Ärger
oder: Parkbank	Mann + Frau	Park	Annäherung
oder: Brille	Richter	Bahnhof	nervös

In Gruppen von 2–5 Mitspielern werden jetzt die zuvor gemischten Karten (für jeden Oberbegriff) gezogen. Dann erfolgt in den einzelnen Spielgruppen eine kurze Absprache von etwa 5 Minuten und die kurzen Szenen werden nacheinander vorgeführt.

Durch das Mischen der Reizwort-Karten ergeben sich immer neue Spielsituationen.

Spielintention: Improvisation, Situationskomik.

Wer spinnt, gewinnt!

»Politiker lügen nicht, sie sagen nur nicht immer die Wahrheit!« soll einmal ein bekannter Volksvertreter gesagt haben. Und so geht es auch in diesem kleinen Spiel zu. Es ist Wahlkampf und ein neuer Ministerpräsident soll gewählt werden.

Für unser Spiel suchen wir zwei Redner, und zwar für die »A«- und die »B«-Partei.

Das Gekonnte an der Wahlrede ist nun, dass Redner A den Vertreter der B-Partei lobt, während Redner B seinen vermeintlichen Kontrahenten lobt.

Mit zweideutigen Wendungen wird nun der geschickte Redner versuchen, den Gegner zu packen, ohne dass sich jedoch etwas Negatives in die Rede einschleichen darf. Zu Beginn wird für jeden Parteivertreter eine Vorbereitungszeit von etwa 3 Minuten gegeben und eine Redezeit von etwa 2–3 Minuten festgelegt. Die Zuhörer achten darauf, dass keine negativen Äußerungen fallen. Wer geht rhetorisch besonders geschickt vor?

Spielintention: Redegewandtheit, Einfühlungsvermögen.

Ordensverleihung

Material: Papier und Schreibzeug für Notizen; gegebenenfalls einige Papporden.

Ein Mitspieler hat sich – ohne es zu wissen – in ganz besonderer Weise verdient gemacht und soll dafür mit dem Bundesverdienstkreuz ausgezeichnet werden.

Bei diesem amüsanten Stegreifspiel verlässt die Spielleitung mit einem Spieler den Raum, um festzulegen, wer den Orden bekommt und für wen die Ansprache gehalten werden soll. Dafür sollte der »Festredner« einige Informationen über den künftigen »Ordensträger« besitzen; z.B. über Entwicklungsgang, Beruf, Interessen, Eigenschaften, Hobbys, Freunde, Gegner usw.

Die versammelte Zuhörerschaft lauscht sodann andächtig dem Redner und errät den auszuzeichnenden Mitspieler.

Anregungen für weitere Stegreifreden: Der 90. Geburtstag; seit 50 Jahren im selben Betrieb; Enthüllung eines Denkmals für eine noch lebende Person; Ehrendoktorwürde der Medizin; Empfang eines Weltumseglers.

Spielintention: Redegewandtheit, Originalität, Situationskomik, freies Sprechen.

Reporter

Mehrere Spieler haben die Aufgabe, nacheinander von einem bestimmten Ereignis als begleitender Reporter zu berichten. Die Reportagezeit liegt bei 2–3 Minuten. Ereignisse können z.b. sein: Schneckenwettrennen, Angelturnier, Krabbenpulwettbewerb, Weltmeisterschaft im Schnupftabakschnupfen, Strickwettbewerb, Bundesturnier der Handtellerwäscher, Flohzirkusnummer.

Spielintention: Fantasie, Wortgewandtheit, Situationskomik.

Dichterfürst

Ein Teilnehmer wird zum Dichterfürsten ernannt. Als »Goethe« soll er eine frei erfundene Geschichte erzählen. Nach den ersten 3–4 Sätzen ruft der Erzähler einen Mitspieler auf, ihm ein beliebiges Wort zuzurufen. Dieses Wort muss er in die Geschichte einflechten. So fordert schließlich unser Dichterfürst immer wieder einen Zuhörer auf, ihm neue Wörter für seine Geschichte zu liefern. Nach einiger Zeit wird der Dichterfürst von einem anderen »Goethe« als Erzähler abgelöst.
Die Geschichte könnte z.b. so angehen:

> Eines Tages fuhr ich in die Stadt, um neue Kleidung zu kaufen. Viele Menschen waren auf den Beinen. In den Geschäften herrschte großes Gewühle – jetzt zeigt der Erzähler auf einen Mitspieler, der »Polizei« ruft. Erzähler: Plötzlich tauchte die Polizei zusammen mit einem Ladendieb auf, der in der Damenunterbekleidung einen BH entwendet hatte. (»hunger«) Ich bekam vor Aufregung Hunger und begab mich deshalb schnell ins Restaurant. (»banane«) Das Einzige was ich jedoch herunterbrachte, waren eine Banane und eine Tasse Kaffee. (»badeanstalt«) Jetzt fiel mir auch wieder ein, was ich eigentlich wollte. Ich kaufte mir einen neuen Bademantel und eilte schnellstens in die Badeanstalt. Dort angekommen … usw., usw.

Spielqualität: Kombinationsgabe, Sprachgewandtheit, Situationskomik.

Patient und Arzt

Material: Vorbereitete Karten.

Die Spieler erhalten Karten, auf denen Paare genannt werden, die etwas miteinander zu tun haben. In einem kurzen Spiel sollen die Spielpartner ihre Paare darstellen und eine kurze Szene spielen. Solche Paare könnten z.b. sein: Polizist – Autofahrer; Richter – Angeklagter, Schüler – Lehrer, Patient – Arzt; Ober – Gast, Kunde – Verkäufer, CDU-Wähler – SPD-Wähler, Schaffner – Fahrgast.

Spielintention: Fantasie, Originalität, Spontaneität, Situationskomik.

Sprachrollen

Material: Vorbereitete Zettel.

Die Sprache und Sprechweise unserer Mitmenschen hinterlässt einen besonderen Eindruck bei uns, nicht selten führt sie zur Bildung von (Vor-)Urteilen über den anderen.

Für dieses Spiel eignet sich jeder Teilnehmer ein bestimmtes Sprachverhalten an, wozu die Spielleitung vorbereitete Zettel ziehen lässt, mit deren Hilfe jedem Mitspieler ein bestimmtes Sprachverhalten vorgegeben wird:

– überheblich	– schüchtern
– zerstreut	– aggressiv
– ironisch	– überbetont lustig, albern
– uninteressiert erscheinen	– betont vornehm
– im Kneipen-Jargon sprechen	– marktschreierisch
– weinerlich	– markig, zackig
– fanatisch	– sehr gewöhnlich, ordinär
– im Vortragsstil reden	– alles kritisieren, abwerten

Die Spieler einigen sich auf ein nicht teilnehmerbezogenes Thema (z.B. Mehr Qualität durch mehr Fernsehprogramm?« oder »Lieber Ehe mit oder ohne Trauschein?«), über das sie etwa 10–15 Minuten diskutieren – und zwar jeder konsequent in dem ihm vorgegebenen Sprachverhalten. Am Ende des Spiels sprechen die Spieler in der Regel darüber, wie sie die unterschiedlichen Sprachrollen bei sich und den anderen erlebt haben und wie die Diskussion verlief.

Spielintention: Einstellen auf ungewohnte Sprachrolle, Erleben sprachlichen Ausdrucks, Spaß an der Sprachglossierung.

Im Fesselballon

Ein frecher Klassiker, bei dem sich die Spieler durch Argumentation, Überzeugung und originelles Denken durchsetzen müssen.

Vier Personen – sie können jeder einen unterschiedlichen Beruf haben oder berühmte Persönlichkeiten sein – sitzen in einem Fesselballon. Die Reisenden stellen fest, dass ihr Ballon restlos überladen ist und sie nur dann lebend auf der Erde landen, wenn einer vorher den Ballon verlässt. Jeder muss den anderen davon überzeugen, dass gerade er besonders wichtig ist und nicht geopfert werden darf. Die Zuschauer entscheiden in Abständen von 3 Minuten darüber, welcher Spieler den Ballon verlassen muss, bis letztlich einer übrig bleibt.

Nach dem Spiel wird darüber gesprochen, wie versucht wurde, die anderen von der eigenen Wichtigkeit zu überzeugen, und ob bei der Abstimmung auch immer die besseren Argumente ausschlaggebend waren.

Spielintention: Rhetorisches Geschick, Argumentation, sprachliches Durchsetzungsvermögen, Situationskomik, Wortwitz.

Noch'n Gedicht …

Material: Vorbereitete Zettel mit Gedichten, Nachrichten, Zeitungsartikeln u.Ä., vorbereitete Personenkarten.

Alle Spieler erhalten von der Spielleitung einen Zettel mit Gedichten, Meldungen, Wetterberichten und Ähnlichem. Jeder soll sich einen Zettel auswählen und danach eine Karte ziehen, die er den anderen gegenüber geheim halten sollte. Auf den Karten stehen Personengruppen oder Persönlichkeiten, in deren Haut er »schlüpfen« soll und »deren« Text er vortragen muss.

Kartenbeispiele:
Personengruppen: Metzger, Pfarrer, Grundschulkind, alter Offizier, Ordensschwester, Politiker, Bananenverkäufer, Oberlehrer, Prostituierte ...
Persönlichkeiten: Helmut Kohl, Graf Lambsdorff, Rudi Carell, Boris Becker, Norbert Blüm, Klaus Kinski seelig, Papst Johannes, Heinz Erhard seelig ...

Story aus der Tüte

Material: Größere Tüte oder Beutel, beliebige Gegenstände.

»Es bricht der Sturm des Baumes Blüte, die Pflanze bricht des Wanderers Schuh, der Fluggast bricht in seine Tüte, jedoch mein Herz, das brichst nur du!« Ähnlich, wenn auch nicht genau so, geht es bei diesem Spiel für Sprachgewandte zu. Die Spieler sitzen im Kreis. Von der Spielleitung wird eine Tüte (oder Leinenbeutel) mit der Bitte herumgereicht, einen beliebigen Gegenstand hineinzulegen. Bitte nur nicht alle den gleichen Kugelschreiber. Vielfalt wäre schön. Die möglichst gefüllte Tüte kommt nach diesem Rundgang zur Spielleitung zurück. Jeder Spieler greift nun der Reihe nach ein Teil aus der Tüte. Dazu soll eine Geschichte erzählt werden, bei der alle bereits im Spiel befindlichen Gegenstände eine Rolle spielen. Nach zwei bis drei Sätzen wird das Wort an den Nebenmann abgegeben.

Zu Beginn des Spiels können sich natürlich auch alle darauf einigen, das Spiel in Reimform durchzuführen.

Grenzenlose Ausreden

Material: Beliebige Gegenstände (Uhr, Kugelschreiber, Feuerzeug).

So ganz klappt es noch nicht mit dem vereinten, grenzenlosen Europa. Das müssen auch immer wieder Touristen feststellen, wenn ihre »freie Fahrt für Europäer« an einer Zollstation endet.

Die Spielleitung informiert die Teilnehmer: »Wir befinden uns an einer Grenzstation, über die schon sehr oft Schmuggler gekommen sind. Meist wurden diese jedoch von aufmerksamen Beamten ertappt.« So soll es auch diesmal sein. Zu Spielbeginn werden Gegenstände eingesammelt, die »nicht ausgeführt werden dürfen«. Die ertappten Schmuggler versuchen nun, sich möglichst originell und wortreich aus ihrer Situation herauszureden, um ungeschoren über die Grenze zu kommen. Die Spielgruppe kann eine Jury bilden, die nach einer bestimmten Zeit entscheidet, ob der jeweilige Schmuggler passieren darf.

Spielintention: Redegewandtheit, Schlagfertigkeit, Originalität.

Freche Situationen

Material: Vorbereitete Zettel (Rollenspielkarten), Verkleidungsutensilien.

Wer Spaß an der Gestaltung lustiger Szenen und am Stegreifspiel hat, ist mit diesen »frechen Situationen« gut beraten. Es geht darum, mit mehreren Mitspielern vorgegebene Situationen aus dem Stegreif zu spielen, also ohne Vorbereitung, sondern spontan. Die Situationen stehen auf Zetteln, die von der Spielleitung vorbereitet wurden. Jede Gruppe (2–5 Personen) zieht einen Zettel und spielt nach (ganz) kurzer Rücksprache drauflos.

Spielvorschläge:

- Zwei Leute treffen sich. Der eine will dringend weiter, der andere unbedingt gern länger reden.
- Beim Friseur: Kundin klatscht über Nachbarin, bis sich herausstellt, dass sie neben ihr unter der Haube sitzt.

- Opa bringt seine neue Freundin mit. Die Familie ist geschockt.
- In der Kantine. Drei Kolleg/innen beim Büroklatsch.
- Beim Heiratsvermittler: Zusammenführung von drei unterschiedlichen Paaren.
- Supermarkt. Eine Frau steht an der Supermarktkasse. Hinter ihr eine lange Schlange. Sie findet ihr Portmonee nicht.
- Im Wartezimmer eines Chirurgen. Patientengespräche. Vom Hypochonder bis zum Sadisten reichen die Persönlichkeitsprofile der Anwesenden (5 Mitspieler).
- Tochter, 17 Jahre, teilt ihren Eltern mit, dass sie sich restlos in einen 45-jährigen Mann verknallt hat.
- Eisenbahnabteil. Nacheinander versuchen mehrere Männer mit einer Frau in Kontakt zu treten. Anschließend umgekehrte Situation.
- Zwei Menschen telefonieren miteinander. Sprechen jedoch aneinander vorbei, um am Ende festzustellen, dass es schön war, wieder einmal miteinander gesprochen zu haben.
- Zwei Personen, die sich noch nie gesehen haben, wollen sich in einem Restaurant treffen.
- Ein Angestellter sucht seinen Chef auf, um für sich eine Gehaltserhöhung auszuhandeln.
- Zwei Verwaltungsbeamte müssen sich seit heute ein gemeinsames Büro teilen. Der eine ist überaus ordentlich, ja geradezu pingelig, während der andere eher das Chaos in Person ist.
- Die ganze Familie sitzt vor dem Fernseher. Mitten im spannenden »Tatort-Krimi« gibt es einen totalen Sendeausfall. Ein Umschalten auf andere Programme ist unmöglich.
- Ein Rundfunkreporter befragt Passanten über … ein frei gewähltes Thema. Die Passanten weisen unterschiedliche Charakterzüge und sprachliche Eigenheiten auf.
- Krankenzimmer mit zwei Betten. Zwei Patienten treffen aufeinander, die zufällig im gleichen Mietshaus wohnen und sich als zerstrittene Nachbarn nicht ausstehen können. Eine Umlegung ist nach Aussagen des Stationsarztes nicht möglich.
- Auf dem Wochenmarkt entwickelt sich zwischen einer Gemüsehändlerin und einer Kundin ein Streitgespräch. Zwei weitere Personen kommen nacheinander hinzu und mischen sich ein.

– Praktische Fahrprüfung. Neben dem Fahrlehrer und gestrengen Prüfer befinden sich drei Führerscheinbewerber im Auto, die nacheinander (für je 2 Minuten) ans Steuer gelassen werden. Wer fällt durch und warum?

Spielintention: Ideen entwickeln, sich mit Rollen identifizieren, Abbau von Spielhemmungen, Situationskomik, Freude am Gestalten lustiger Szenen.

Let's talk

Material: Eventuell Verkleidungen.

Talkshows gehören seit vielen Jahren zum festen Bestandteil unserer Fernsehsender. Sie sind ein Tummelplatz für Selbstdarsteller, penetrante Langweiler aber auch für durchaus interessante wie schillernde Zeitgenossen. Für eine Talkshow-Parodie schlüpft ein Mitspieler in die Rolle des Talkmasters, der mit drei bis fünf anderen Spielern als »prominenten Gästen« plaudert. Es können z.B. Mode-Zar Karl Lagerfeld, Tennis-Königin Steffi Graf, Kritiker-Papst Marcel Reich-Ranicki und Fußball-Fossil Uwe Seeler aufeinander treffen.

Eine gewisse rhetorische Gewandtheit und ein spontanes Reagieren der »Prominenten« auf Fragen nach dem Berufs- und Privatleben sind eine wichtige Voraussetzung für das Gelingen der »Talkshow«.

Zur Typisierung der dargestellten »Promis« reichen wenige Utensilien und die Überzeichnung sprachlicher und charakteristischer Merkmale (indem z.B. die 6fach geliftete Filmdiva beim Lächeln immer leicht die Schultern anhebt, um ein Einreißen der Haut zu verhindern).

Spielintention: Sich in Rollen hineinversetzen und sie zum Ausdruck bringen, Spaß an der Parodie, Spielhemmungen überwinden.

Produktwerbung

Material: Requisiten, soweit erforderlich.

Tag für Tag sind Fernsehzuschauer mit Werbung konfrontiert. Privatsender unterbrechen mehrmals einen Film, um für all die Dinge zu werben, ohne die das Leben einfach unvollkommen und fade zu sein scheint.

In unserem Spiel sollen Werbesendungen parodiert werden. Ein Spieler könnte z.b. für das alkoholische Produkt »Jonny's Dry Gin« werben. Da der Moderator mehrmals am Tage live als »Filmunterbrechung« vor die Kamera geschickt wird, leert sich die Flasche natürlich nach jedem Werbespot etwas mehr. Die Stimme des anfangs blendend formulierenden Werbefachmanns wird allmählich schwerer und schließlich muss er nach vier bis fünf Auftritten restlos betrunken von zwei Mitarbeitern aus dem Fernsehstudio geschleppt werden.

Geworben werden kann eigentlich für nahezu alles: Waschmittel, Schönheitscremes, Sekt, Puddinge, Fertiggerichte, Erfrischungsgetränke, Eis, Autos, Reiseunternehmen, Kaffee und vieles mehr.

Spielintention: Rhetorisches Geschick, mimischer Ausdruck, selbstbewusstes Auftreten, Spaß an der Parodie, Situationskomik.

Illustre Tafelrunde

Material: Vorbereitete Karten, eventuell Verkleidungsutensilien.

Eine illustre Gesellschaft hat sich versammelt, um gemeinsam zu tafeln. Jeder Spieler erhält eine Karte, auf der eine Person mit einer bestimmten Eigenschaft bzw. einem Berufsbild steht. Während eines gemeinsamen Essens der Gruppe – und dieses kann bei einer wirklichen Mahlzeit geschehen – erhält jeder Spieler die Aufgabe, in die Rolle der auf der Karte stehenden Person zu schlüpfen.

Kartenbeispiele: Pfarrer, Versicherungsvertreter, Lehrer, steinreiche Witwe, gealterte Filmdiva, alter Offizier (General a. D.), schrille »Plappertasche« (Starlet), BILD-Reporter, 2. Vorsitzender der Freiwilligen Feuerwehr, Heiratsschwindler, Taschendieb, Industrie-

Boss, Parteifunktionär, »Edel-Dirne«, Vorsitzende des Sittlichkeits-
vereins, Klempner …

Spielintention: Spaß an der Improvisation, Abbau von Spielhemmungen, unterschiedliche Rollen erleben und ausfüllen.

Vereinsmeier

Man sagt uns Deutschen nach, wir seien Vereinsmeier. Bei der Vielzahl von Zusammenschlüssen und Vereinigungen scheint wohl etwas an der Aussage dran zu sein.

Aus der Spielgruppe verlassen vier Teilnehmer den Raum und
einigen sich auf einen Verein, den sie darstellen wollen, z.b. Brief-
markensammler-Verein, Kaninchenzüchter-Verein, Schrebergarten-
Verein, Hausfrauenbund, Gewerkschaftsgruppe, politische Partei,
Verein der Naturfreunde … Ein Vorsitzender bzw. eine Vorsitzende
werden gewählt.

Kommen die vier Mitspieler wieder herein, so spielen sie die
Mitgliederversammlung ihres Vereins. Berichte werden gegeben,
Anträge gestellt, debattiert und abgestimmt, verdiente Mitglieder
erhalten eine Auszeichnung vom Vorsitzenden. Alle Aktionen laufen in verschleierter Form vor den Zuschauern ab, denn sie sollen
erraten, um welchen Verein es sich handelt. Wer glaubt, den Verein
erraten zu haben, spielt mit.

Spielintention: Spaß am spontanen Spiel, Wortgewandtheit, Freude
am Parodieren, Spannungseffekt beim Erraten.

M-Theater

Außer etwas Wortgewandtheit brauchen wir für dieses simple Spiel
nichts, um gelöste Heiterkeit in der Spielrunde aufkommen zu lassen. Die Spielleitung gibt in ein bis zwei Sätzen den Handlungs-
ablauf des Stückes vor. Das Thema kann z.B. lauten: Mutter und
Kind bei Tische. Alles Weitere wird jetzt aus dem Stegreif gespielt,
d.h. vorwiegend gesprochen. Vor Spielbeginn wird jedoch noch
festgelegt, dass jedes Wort, das die Akteure von sich geben mit ei-

nem vereinbarten Buchstaben beginn. In unserem Beispiel ist es das »M«. Und so könnte es losgehen:

Kind:	Mutter, Mutter!
Mutter:	Mein Mummelchen.
Kind:	Mach mir Marmeladenbrote.
Mutter:	Mit Mangofrüchten?
Kind:	Mittags meistens.
Mutter:	Milch, mein Mummelchen?
Kind:	Mmm, mag Mukuhmilch.
Mutter:	Müde?
Kind:	Muss mal.
Mutter:	Malventee macht müde Mägen munter.
Kind:	Meditieren macht müde.
Mutter:	Meine Meinung: Mieses Mittagessen macht melancholisch ...

Für das Spiel eignen sich nahezu alle berühmten Bühnenvorlagen, Krimistorys oder Märchen. Die ideale Spielerzahl liegt bei 3–4 Personen.

Spielintention: Spaß am Wortspiel, Kombinationsfähigkeit, Fantasie.

Geheimnisvolle Persönlichkeiten

Dieses Konversationsspiel erfordert darstellerische Begabung und die Fähigkeit, locker mit berühmten Charakteren herumzujonglieren.

Zwei Spieler verlassen den Raum und einigen sich dann auf 2 berühmte Persönlichkeiten aus dem Leben, dem Film oder der Literatur – tot oder lebendig –, die sie porträtieren wollen. Die Persönlichkeiten müssen nicht einander gekannt haben, es ist aber von Vorteil für den Spielablauf, wenn beide ein gemeinsames Interesse hatten: Prinz Charles und Königin Silvia, Joe Cocker und Marius Müller-Westernhagen, Helmut Kohl und Erich Honnecker, Boris Becker und Luis Trencker, Tina Turner und Mutter Theresa. Die beiden Spieler kehren zur Gruppe zurück und beginnen eine typische Unterhaltung. Die anderen Spieler versuchen, die Identität der Prominenten herauszufinden. Jeder, der es errät, stimmt in die Unterhaltung ein und sagt ihnen Dinge, die zu ihrer geheimen Identität passen. Das Spiel ist zu Ende, wenn jeder weiß, wer jeder ist.

Spielintention: Rollenidentifikation, Fantasie, sprachliche Gewandtheit, Spannung beim Raten.

Lottoglück

Kaum zu glauben, aber wahr, Familie Müller hat im Lotto gewonnen. Wirklich! Zwar war es nicht der Haupttreffer oder gar der Jackpot, aber immerhin 85 000 Mark.

Familie Müller sitzt am Tag der Bekanntgabe der Lottoquoten beim Essen zusammen und beratschlagt, was mit dem Geld geschehen soll. Unsere Gewinner-Familie besteht aus Vater, Mutter, 2 Söhnen (11 und 14 Jahre alt), einer 17-jährigen Tochter und zwei noch rüstigen Großmüttern.

Die Mitspieler erhalten den Auftrag, sich so stark wie möglich mit ihrer Rolle zu identifizieren. Jeder soll seine Wünsche und Interessen in das Gespräch einbringen und argumentativ vertreten, d.h. möglichst den anderen gegenüber durchsetzen.

Nach einer gewissen Spielzeit, die auch wesentlich von der Spielfreude der Teilnehmer bestimmt wird, kommt es zur anschließenden Reflexion. Hier wird unter anderem erörtert, wie und mit welchen Mitteln die einzelnen Interessen vertreten wurden.

Spielintention: Bewusstmachen eigener Interessen, Durchsetzungsvermögen, Erleben unterschiedlicher Auffassungen, Argumentation, Manipulation durch Sprache.

Proben für das Morgenjournal

Material: Kassettenrekorder mit Unterhaltungsmusik, Mikrofon, Uhr, Zettel.

»Das Beste am Norden ...«, wie sich der Norddeutsche Rundfunk bescheiden in seiner Eigenwerbung nennt, sucht neue Moderatoren für sein Rundfunk-Morgenjournal. Zwei wortgewandte Mitspieler werden nach vorn gebeten und als Kandidaten für einen Posten beim Rundfunk vorgestellt. Sie sollen aus dem Stegreif ein Morgenmagazin gestalten, und zwar »live«. Für immer genau 30 Sekunden wird die Musik ausgeblendet und die Moderatoren müssen abwechselnd oder in Dialogform zu den ihnen vorher zugereichten Themen Stellung nehmen, gleich ob ihnen die 30 Sekunden zu kurz oder zu lang vorkommen. Aus der Gruppe – dem Publikum – werden den Sprechern Zettel zugereicht wie etwa:

- Wetterbericht
- Interview mit Karl Dall
- Verkehrsmeldung
- Werbung für eine Schokoladenmarke
- Sportergebnisse
- Das neueste Gerücht aus dem Bundeskanzleramt
- Das neue Buch
- Der neueste Film
- Interview mit dem Finanzminister: 42 neue Steuern bis 2005
- Das Tageshoroskop
- Der Partnerwunsch

Das Spiel kann in mehreren Durchgängen mit verschiedenen Kandidaten gespielt werden.

Spielintention: Wortgewandtheit, Spontaneität, Reaktionsvermögen, Situationskomik.

Setz dich durch!

Wer hat sich nicht schon einmal nach einer meist unerfreulichen Situation darüber geärgert, sich nicht richtig durchgesetzt oder eher »Ja« statt selbstbewusst »Nein« gesagt zu haben!?

Für dieses Spiel bilden die Teilnehmer einen Stuhlhalbkreis. Jeweils zwei Spieler stellen im Rollenspiel eine Situation dar, in der es darum geht, sich zu behaupten.

Beispiele:

- Ein Kunde macht einem aufdringlichen Verkäufer (Vertreter) klar, dass er nichts kaufen möchte.
- Ein Gast beschwert sich bei der Bedienung zu Recht über das schlechte Essen und fordert sein Geld zurück.
- Beim Abholen seines Wagens aus der Werkstatt bemerkt der Kunde Kratzer und eine kleine Delle an seinem Fahrzeug.
- Eine Kassiererin an der Supermarktkasse verhält sich sehr unfreundlich zu einer Kundin, die einen Kasten mit Leergut abgeben möchte.
- Im Kaufhaus wird ein Kunde zu Unrecht vom Detektiv des Ladendiebstahls bezichtigt. Andere Kunden haben die unerfreuliche Szene mitbekommen.
- Der Chef bittet seinen Angestellten, wieder einmal Vertretungsstunden zu übernehmen.
- Eine Kundin will ein leicht beschädigtes Kleidungsstück zurückgeben. Die Verkäuferin gibt sich uneinsichtig.
- Eine ältere, jedoch noch sehr rüstige Dame drängelt sich unter Hinweis auf ihr Alter an der Supermarktkasse vor.

Nach jedem Spiel werden die Szenen einzeln ausgewertet, indem z.B. geklärt wird, wie sich die Spieler durchsetzten, wie gesprochen und welche Lösungen gefunden wurden. Auch dürfte interessant sein, darüber zu sprechen, welche Alltagserfahrungen die Spieler mit ähnlichen oder anderen Situationen erlebt haben, bei denen es ums Durchsetzen ging.

Spielintention: Sich behaupten und in entscheidenden Situationen durchsetzen können; sprachliche Gewandtheit.

Verrückte Dialoge

Was würden sich wohl Glatze und Kamm zu sagen haben, könnten sie miteinander reden? Bei unserem ungewöhnlichen Dialog-Spiel sitzen jeweils zwei Spieler Rücken an Rücken und führen eine nicht alltägliche Unterhaltung. Jeder Spieler ist ein Teil des von der Spielleitung vorgegebenen Paares.

Einige Beispiele für Dialog-Paare:

– Flasche und Korken
– Hamster und Käfig
– Herdplatte und Wasserkessel
– Ofen und Feuer
– Regen und Regenschirm
– rechter und linker Strumpf
– Geld und Portmonee

Welches Paar führt das originellste Gespräch?

Spielintention: Fantasie, Originalität, sprachliche Gewandtheit, Situationskomik.

Pro und Kontra

Um geschicktes Argumentieren geht es bei diesem Spiel, für das aus der Spielrunde zwei gleich große Gruppen von je 2–3 Teilnehmern gebildet werden.

Beide Gruppen sollen über ein zuvor festgelegtes Thema (z.B. Ist Deutschland noch ein Land, in dem man sich sicher fühlen kann?) für 10 Minuten kontrovers diskutieren, wobei jede Seite ihre Argumente (pro und kontra) zu vertreten hat. Am Ende entscheiden die Zuhörer über die stichhaltigsten Argumente. Die Redner-Zuhörer-Gruppen sollten in mehreren Durchläufen gewechselt werden.

Spielintention: Seiner Meinung Geltung verschaffen, geschicktes Argumentieren, das Wesentliche einer Aussage erkennen.

Verrückte Jobs

Damit sich alle Spieler gut sehen können, setzen sie sich in Form eines Kreises hin. Die Spielleitung sagt, dass auf dem Arbeitsmarkt ständig neue Berufsbilder gefragt sind und gibt als Beispiele den »Ladenhüter« und den »Flaschenwärmer« vor.

Hat die Spielidee erst einmal die Anwesenden gepackt, so sind sie nicht mehr zu bremsen. Reihum werden spontan die verrücktesten Berufe genannt und, falls gewünscht, auch näher erläutert. Beim »Eierkocher« dürfte dies noch leicht fallen. Aber was machen z.b. der »Strumpfhalter« und der »Doppelstecker«?

Hier einige Inspirationen:

Wassererhitzer, Rauchverzehrer, Zwiebelschneider, Kirschentkerner, Büstenhalter, Unkrautvertilger, Korkenzieher, Backofenreiniger, Weichspüler, Tropfenspender, Wagenheber, Schuhabkratzer, Alleskleber, Geigerzähler, Kaffeefilter.

Spielintention: Fantasie, Ideen entwicklen, Originalität, Sprachgewandtheit, Spaß am Wortspiel.

Expertentum

Material: Vorbereitete Themenzettel, Papier und Schreibzeug.

Nahezu jeden Tag werden uns im Fernsehen Politiker vorgestellt als »Experte für …« alle möglichen komplizierten Sachverhalte. Dieses Expertentum haben sie sich dann auf Grund ihrer scheinbaren Omnipotenz über Nacht angeeignet. Waren sie gestern noch »Experte für innere Sicherheit«, so sind sie heute »Experte für Landwirtschaft«. Auch wir wollen uns in diesem Spiel aus dem Stand zum Experten mausern. Die Spielleitung hat genügend Zettel mit ausgefallenen Themen vorbereitet, die von freiwilligen »Experten« dem interessierten Publikum vorzutragen sind. Zur kurzen Vorbereitung erhält jeder Redner 3 Minuten Zeit.

Themen könnten z.B. sein:

– »Neue Steuern braucht das Land: die Vorteile einer Wetter- und einer Denk-Steuer.«

- »Über die vielseitige Verwendbarkeit des gewöhnlichen Toasters.«
- »Auf der Suche nach der Unterscheidung unserer demokratischen Volksparteien.«
- »Vor- und Nachteile des genmanipulierten Politikerhirns.«
- »Wohnraum schaffen durch rationelles Wohnen.«
- »Frischgemüse künftig aus der Apotheke.«

Spielintention: Redegewandtheit, originelle Ideen entwickeln, Situationskomik, Spaß.

BILD-Konversation

Material: Mehrere BILD-Ausgaben.

Was wären wir ohne BILD, die Zeitung für Kurzsichtige, das Medium, das Meinungen macht und uns häufig Meinungen und das eigene Denken abnehmen möchte.

Die Spieler verteilen sich im Raum, je mit einer Zeitung ausgestattet. Einer beginnt mit dem Vorlesen einer Schlagzeile und ein anderer antwortet mit einer Schlagzeile. Wem gelingt es mit Witz – nicht mit Lautstärke – seine Mitspieler zu übertrumpfen? Das Spiel lässt sich zu kleinen Theaterimprovisationen erweitern.

Spielintention: Kommunikation, Kreativität, Fantasie entwickeln, Situationskomik.

Was wäre, wenn …

Wir leben in einer Zeit, in der so gut wie alles möglich ist. Von dieser Hypothese ausgehend, eignet sich das Spiel besonders für einen erzählfreudigen, gemütlichen Gesprächskreis, bei dem ein Teilnehmer eine »Was wäre, wenn …«-Überlegung vorgibt und alle anderen weitere Überlegungen beisteuern.
Einige Beispiele:

- Was wäre, wenn alle Menschen dasselbe verdienen würden, weil alle ein Anrecht auf gleiche Lebenschancen haben?

- Was wäre, wenn in ganz Deutschland für drei Tage alle Fernsehprogramme ausfielen?
- Was wäre, wenn es keine Erzieher/innen gäbe?
- Was wäre, wenn dir ein guter Bekannter für dich und deinen Partner einen Platz in einer Wohngemeinschaft anbieten würde?
- Was wäre, wenn es ab morgen keine Bücher mehr gäbe?
- Was wäre, wenn du für einen Monat BundeskanzlerIn sein könntest?
- Was wäre, wenn dir plötzlich 50 000 Mark zur völlig freien Verfügung stünden?
- Was wäre, wenn unsere Lebenserwartung um 150 Jahre verlängert würde?
- Was wäre, wenn ab 2005 die Welt für 3 Jahre ohne Sonnenlicht auskommen müsste?
- Was wäre, wenn man Politiker für ihre fahrlässige Misswirtschaft juristisch zur Verantwortung ziehen könnte?

Spielintention: Fantasie entwickeln, originelle Ideen und Überlegungen äußern, lockere Gesprächsatmosphäre.

Gefühls-ABC

Material: Je Teilnehmer ein Blatt Papier und Schreibstift.

Die Spieler werden gebeten, auf ihren Papierbogen das Alphabet untereinander aufzuschreiben. Anschließend sollen sie für jeden Buchstaben ein Wort schreiben, das ihr Gefühl der letzten 24 Stunden (oder: am letzten Wochenende oder im Augenblick oder bei einem bestimmten Anlass) beschreibt. Haben alle Teilnehmer diese Aufgabe erfüllt, werden sie gebeten, die Worte vorzulesen und zwei Begriffe auszuwählen, die sie der Gruppe erklären wollen.

Spielintention: Sich mitteilen, Gefühle ausdrücken und beschreiben.

Haltung wahren!

Material: Vorbereitete Zettel mit Texten und Situationen.

Nach der Devise »Es gibt zwei Standpunkte: meinen und den falschen!« sind die Politiker in die Endphase des heißen Wahlkampfes getreten. Alle Kandidaten, die imagefördernde Sendezeit im Fernsehen erhalten, wollen natürlich durch Auftreten, Sprache, Mimik und Gestik den besten Eindruck hinterlassen. In möglichst fehlerfreier Phrasologie äußern sich die Politiker zu dieser historisch so wichtigen Wahl und erläutern noch einmal ihr Programm.

Vier bis fünf bekommen einen Text (z.B. irgendwelche beliebigen Politiker-Statements aus der Presse) und halten nun vor den Gästen im Fernseh-Wahlstudio eine Rede.

Nach einigen Sätzen erhalten sie vom Spielleiter dezent einen Zettel zugesteckt, auf dem eine Situation steht, die während der Rede entsteht und gemeistert werden muss.

Beispiele für Situationszettel:

- Die Brille vergessen bzw. falsche Brille auf.
- Während der Rede rutscht die Hose langsam herunter.
- Der Redner muss ganz dringend auf die Toilette.
- Es stellt sich ein nicht abstellbarer Schluckauf ein.
- Im Publikum sitzt die Gattin/der Gatte, die/der mit dem/der Vorsitzenden der Gegenpartei heftig flirtet.

Die Reden und Situationen werden von den Spielern nacheinander vorgespielt.

Spielintention: Wortgewandtheit, Freude am Darstellen, Situationskomik.

Bürgerberatung

Bei diesem Spiel erhält der Bürger endlich fundierte Antworten auf seine Anfragen, Wünsche und Probleme.

Hinter einem imaginären Schalter sitzt ein Mitspieler, der nach ausgiebigem Frühstück das Schiebefenster öffnet und ruft: »Die nächste Nummer bitte!«

Es hat sich schon eine Schlange von Ratsuchenden und Bittstellern gebildet, die allerlei ungewöhnliche Wünsche vortragen, auf die mit einer individuellen Beratung einzugehen ist.

Spielintention: Fantasie, Schlagfertigkeit, Wortwitz, Situationskomik.

Knistern, Spannung, Lust-Stimmungen, Gefühle und Wünsche in Handlungen umsetzen: Spiele mit Mimik, Gestik und Körper

Wir können uns nicht nur sprachlich verständigen, sondern auch mit Hilfe von Gebärden, also durch unseren Körper. Sprachliche, vor allem jedoch nichtsprachliche Informationen, sind oftmals mehrdeutig und werden vom Sender und Empfänger unterschiedlich gesehen.

Die Körpersprache gilt als Ausdruck unserer Persönlichkeit und als Spiegel unserer inneren Verfassung.

Es gibt einfache Gebärden, die von jedem verstanden werden, wie z.B. das nervöse Trommeln mit den Fingern, das nachdenkliche Kratzen am Kopf. Die Wortsprache kennt zahlreiche Ausdrücke aus dem Bereich der Körpersprache, z.B.: »sich in die Brust werfen«, »die kalte Schulter zeigen«, »sich verlegen herumwinden«.

Im Alltag vermischen sich Wort- und Körpersprache, wobei die Wortsprache immer überlegen ist, wenn es um die Vermittlung gedanklicher Inhalte geht.

Der gelockerte Körper hat die Möglichkeit, das nach außen hin auszudrücken, was innerlich empfunden wird.

Die folgenden frechen Spielangebote beschäftigen sich mit der Wahrnehmung und Deutung nonverbaler (nichtsprachlicher) Signale, mit Körpersprache, Körpererfahrung und differenzierten Darstellungsmöglichkeiten. Es geht auch um das intensive Erleben von Mimik und Gestik, um Bewegungsimprovisationen, Körperkontakt und Freude an der Selbstdarstellung.

Die ausgewählten Spiele sind ein geeignetes Kommunikationstraining, bei dem sich die Teilnehmer der Vielfalt körperlichen Ausdrucks bewusst werden.

Durch die Nachahmung und Parodie von Personen lenken die Mitspieler unwillkürlich ihre Aufmerksamkeit stärker auf das Verhalten der Mitmenschen. Zum einen kann es dabei zu Typisierungen kommen, indem bestimmte Verhaltensweisen überspitzt dargestellt werden, zum anderen wird die Differenzierungsfähigkeit trainiert. Um Verallgemeinerungen und Vorurteile abzubauen, ist beides erforderlich.

Spielangebote

Körpersignale

Material: Kassettenrekorder, Kassetten (mit beschwingter Musik).

Bis auf zwei Mitspieler sitzen alle Teilnehmer im Kreis. Die beiden gehen im Kreis herum. Die Spielleitung lässt Kassettenmusik erklingen. Unangekündigt unterbricht die Musik. Die im Kreis sitzenden Spieler versuchen pantomimisch deutlich zu machen, ob sich einer der beiden im Kreis umherirrenden Mitspieler auf ihren Schoß setzen darf oder nicht. Wortlos soll zum Ausdruck gebracht werden, dass man den einen aus dem Kreisinnern gern, den anderen jedoch weniger gern auf seinem Schoß hätte. Dabei kommt es zu Missverständnissen, leichten Frustrationen, aber auch zu ausgelassener Heiterkeit. Das geht so lange, bis ein Spieler aus dem Kreisinneren bei einem außen Sitzenden richtig »angekommen« ist.

Wessen Signale als Einladung richtig verstanden wurden, darf in den Kreis, während sich sein glücklicher Partner aus dem Inneren des Kreises jetzt ausruhen darf. Gespielt wird so lange, wie es den Teilnehmern Spaß bringt.

Intention: Körpersprache, nonverbale Signale deuten, Körperkontakt, eventuelle Hemmungen überwinden, Spaß.

Scha-ra-den

Material: (Eventuell) vorbereitete Zettel.

Dieses Spiel war in den 40er- und 50er-Jahren eine der beliebtesten Unterhaltungen für alle Altersgruppen. Scharaden gehören als »gespielte Silbenrätsel« zu den Spielen, die in besonderer Weise die

Fantasie, das Darstellungsvermögen und die Abstraktions- und Kombinationsfähigkeit fördern. Darsteller und Zuschauer sind Partner.

Je ein bzw. zwei oder auch mehrere Spieler zusammen stellen pantomimisch einen Begriff dar, der vom Publikum zu erraten ist.

Die zu spielenden Begriffe können entweder auf Zetteln vorbereitet und dann gezogen werden, oder die Spielleitung flüstert dem einzelnen Spieler oder einer Gruppe Aufgaben zu, die dann spontan gespielt und von den Zuschauern erraten werden.

Mit einfachen Begriffen, wie z.B. Kugelschreiber, Spiegelei, Bodenvase oder Hosenträger, beginnen wir. Dann können die zu ratenden Begriffe schwieriger werden: Bremsflüssigkeit, Hawaiitoast, Verdauungsstörung, Bauchspeicheldrüse, Beichtstuhl …

Es lassen sich auch Lieder-, Buch- und Filmtitel, Sprichwörter, Städte- und Ortsnamen darstellen oder ein Sportreporter »kommentiert« wortlos eine Sportart. Um welchen Sport geht es?

Spielintention: Ideen entwickeln und umsetzen, Förderung von Darstellungsvermögen, Abstraktions- und Kombinationsfähigkeit, Spannung, Ratespaß.

Stumme Konversation

Material: Vorbereitete Zettel mit Aufgabenstellungen.

Die Spielgruppe wird in 2 bis 4 Untergruppen eingeteilt, die miteinander um die Wette raten. Für jede richtig geratene Darstellung gibt es einen Punkt.

Ein Spieler nach dem anderen kommt nach vorne. Dort erhält er von der Spielleitung einen Zettel mit der Aufgabe, die pantomimisch auszuführen ist.

Beispiele:

– Frage einen Mitspieler, ob er mit ins Kino kommt.
– Teile einem Spieler mit, dass du Kopfschmerzen hast und eine Tablette benötigst.

– Gib einem Baby die Flasche, bei der ständig der Sauger verstopft ist.
– Bitte einen Mitspieler, dir eine Pizza und einen Salat zu holen.
– Erkläre einem Mitspieler, dass er seine Jacke (Schuhe oder Pullover) ausziehen soll.
– Teile jemandem mit, dass du deine Brille verlegt hast.

Spielintention: Gebärdensprache, Ideen umsetzen, Darstellungsfähigkeit, Originalität, genaues Beobachten, Ratespaß.

Mein Spiegelbild

»Bin ich's oder bin ich's nicht?« Wer hat sich diese Frage nicht schon einmal beim morgendlichen Blick in den Spiegel gestellt. Für unser kleines Spiel stellen sich die Teilnehmer paarweise im Abstand von etwa 1 Meter frontal gegenüber. Einer der beiden Partner stellt den Spiegel dar, der andere benutzt den Spiegel und umgekehrt. Der »Spiegel« muss dabei die Bewegungen des Spiegelbenutzers nachahmen. Dabei ist zu beachten, dass der Spiegel ein virtuelles Bild erzeugt, bei dem rechts und links vertauscht sind. Die Bewegungen sollten in Zeitlupe ablaufen und die Spieler Augenkontakt zum Partner halten.

Spielintention: Genaues Beobachten, Kooperation, mimischer Ausdruck, einfühlsames Verhalten.

Geherlebnisse

Nach der Devise »An seinem Gang sollst du ihn erkennen«, stellen sich die Spieler verteilt im Raum auf und gehen nach den Anweisungen der Spielleitung.

Die Reihenfolge der Beispiele ist variabel:

– *Wir gehen*
durch sehr hohes Gras,
auf klebrigem Untergrund,
auf Glatteis,

barfuß über heißes Straßenpflaster,
durch hohen, festen Schnee,
auf moorigem Untergrund,
über vermintes Gelände,
durch eiskaltes Wasser.

– *Wir*
schleichen – hüpfen – kriechen – stampfen – hetzen – bummeln
– gehen zielstrebig – marschieren – tanzen – steigen eine Treppe
hinauf – steigen eine Treppe hinunter.

– *Wir gehen wie*
ein alter, gebrechlicher Mann,
zwei Freundinnen beim Einkaufsbummel,
ein angetrunkener Zecher,
eine kinderwagenschiebende Mutter,
eine Mutter mit ungezogenem Kind an der Hand,
ein Soldat.

– *Wir gehen in verschiedenen Räumen. Wie geht es sich*
in einer Kirche,
auf dem Weg ins Fußballstadion,
in einem Museum,
auf einem Bootsanleger,
im Wald,
im Zoo,
im Ballsaal,
beim Abschreiten einer Ehrenformation?

– *Wie ist unsere »Beinarbeit« beim*
Tennis,
Eiskunstlauf,
Boxen,
Sackhüpfen,
Kugelstoßen,
Speerweitwurf,
Federballspiel,
Fechten?

– *Wir gehen mit*
   einem schweren Koffer,
   einer langen Leiter,
   zu zweit mit einer großen Glasplatte,
   einem vollen Tablett,
   einer mit Wasser gefüllten Karaffe auf dem Kopf.

– *Wir gehen mit einer schweren Last auf dem Rücken durch*
   tropische Hitze,
   Eiseskälte,
   Sturm,
   heftigen Regen,
   Nebel,
   einen Mückenschwarm.

– *Wir gehen unseren »Lebensweg« zurück und beginnen mit dem 85.*
   Lebensjahr. Zug um Zug werden wir jünger …
   … als 60-Jähriger,
   … mit 40 Jahren,
   … 20 Jahren,
   … 14 Jahren,
   … 5 Jahren – 2 Jahren – 1 Jahr – 6 Monaten.

Spielintention: Körpersprache, Wahrnehmungs- und Beobachtungsübung, Erleben differenzierter Darstellungsmöglichkeiten, Bewegungen werden als Einheit räumlicher und zeitlicher Gestaltung erfahren, Spaß an der Bewegung.

Statuen

Material: (Eventuell) Musik vom Kassettenrekorder.

Um »verwandelbare Statuen« entstehen zu lassen, stellen sich ein oder mehrere Spieler als »verformbarer Ton« zur Verfügung. Mit Gefühl formen die anderen Mitspieler aus dem »Material« Statuen, indem einzelne Körperteile (Kopf, Arme, Beine) entsprechend in Posen gebracht werden. Die geformten Statuen können Assoziationen hervorrufen, und für die entstandenen Werke lassen sich Titel finden.

Spielintention: Ideen umsetzen, körperlicher Ausdruck, Spielbereitschaft wecken.

Ich spüre mein Gesicht

Ein schönes, sehr sensitives Spiel, für das sich die Gruppe in einen Stuhlkreis setzt. Jeder Teilnehmer sitzt mit leicht nach hinten fallen gelassenem Kopf auf seinem Stuhl. Die Hände liegen locker auf den Oberschenkeln. Die Spielleitung spricht mit ruhiger Stimme und lässt den Teilnehmern genügend Zeit, ihr Gesicht zu spüren und zu erleben.

Nacheinander gibt die Spielleitung folgende Anweisungen:

- Schließt eure Augen.
- Hebt langsam eure Arme und streicht mit den Fingerspitzen über eure Stirn.
- Geht langsam über eure Augenbrauen, Augenlider und Wimpern zu eurer Nasenwurzel.
- Jetzt über die Nase und die Wangen langsam über die Lippen zum Kinn.
- Es geht weiter zu den Ohren. Wie fühlen sie sich an? Ihr fühlt eure Ohrmuscheln und die Ohrläppchen.
- Langsam geht es am Hinterkopf hinauf zu den Haaren. Erlebt, wie sie sich anfühlen.

Am Ende sprechen wir gemeinsam darüber, wie die einzelnen Gesichtsberührungen empfunden wurden und welche Wirkung vom Spiel ausging. Brillenträger sollten vor Beginn des Spiels ihre Brille ablegen.

Spielintention: Körpererfahrung, hier Bewusstmachung des Gesichtes, Hautwahrnehmung.

Die Kostendämpfungsmassage

Material: Kassettenrekorder mit ruhiger Musik.

Dieses schöne Spiel dürfte im Zeitalter der Kostensenkungen selbst dem Bundesgesundheitsminister Freude machen.

Wir bilden einen großen Stehkreis. Alle Spieler schauen in dieselbe Richtung. Jeder legt nun die Hände auf die Schultern seines vorderen Mitspielers und beginnt, den Rücken, die Schultern und den Nacken zu massieren. Es wird nicht gesprochen, sondern nur durch Laute oder Geräusche dem Masseur zu verstehen gegeben, was gut tut, ob zu fest oder zu sanft massiert wird. Nach etwa fünf Minuten drehen sich alle um und massieren ihren früheren Masseur. Zum Schluss sprechen die Spieler über ihre Erfahrungen und Eindrücke. Natürlich lässt sich das Spiel auch paarweise im Raum durchführen.

Spielintention: Körpererfahrung, Entspannung, Gemeinschaftserlebnis.

Sensible Hände

Alle Spieler schließen ihre Augen, versuchen ganz ruhig zu werden und entspannen sich. Jeder streckt seine Hände nach vorn und geht langsam und vorsichtig durch den Raum. Hände, die ihm begegnen, betastet er. Gefallen sie ihm, bleibt er einige Zeit bei ihnen. Er betastet, befühlt, streichelt sie, reagiert auf sie … geht dann weiter, nimmt mit anderen Händen Kontakt auf, wobei die Augen stets geschlossen bleiben. Nach einigen Begegnungen öffnet jeder wieder die Augen. Wer in etwa weiß, mit welchen Spielern er in Kontakt gekommen war, kann mit diesen darüber reden, ihre Hände noch einmal betasten, jetzt jedoch mit offenen Augen.

Spielintention: Abbau von Berührungsängsten, Wahrnehmung von Personen, Kontaktaufnahme, Vertrauensübung.

Anziehung

Je 2 Spieler stehen sich gegenüber, legen ihre Handflächen aneinander und schließen die Augen für einige Sekunden. Dann lassen sie die Hände sinken, drehen sich dreimal langsam im Kreis herum und versuchen jetzt, mit geschlossenen Augen die Hände des Partners wieder zu finden.

Spielintention: Entspannung, Einfühlung, Konzentration, Orientierung.

Schau mir in die Augen!

Material: (Eventuell) entspannende Musik.

Wie reagiere ich auf intensiven Blickkontakt? Die Frage lässt sich nach diesem Spiel vielleicht besser beantworten.

Jeweils zwei Teilnehmer setzen sich gegenüber und sehen sich schweigend an. Von der Spielleitung kommt die Anweisung: »Betrachtet einige Zeit eure Gesichter und versucht, den anderen wirklich zu sehen. Es soll kein gegenseitiges Anstarren – womöglich mit ›Hypnoseblick‹ sein. Schaut bitte euren Partner an und versucht, alle Einzelheiten seines Gesichts wahrzunehmen – die Farben, Formen, Linien; seht, ob sein Gesicht bewegt ist oder nicht. Nehmt den anderen wirklich wahr!«

Nach fünf Minuten folgt ein Zweiergespräch über die soeben gemachten Wahrnehmungen und Empfindungen, danach eine kurze gemeinsame Besprechung in der Gruppe.

Spielintention: Intensive Wahrnehmung des Partners, Gespräch.

Schneckenhaus

Material: (Eventuell) Kassettenrekorder mit ruhiger Musik.

Um Sensibilität und spontane, einfühlsame Reaktionen geht es bei diesem Spiel. Jeder Teilnehmer sucht sich einen Partner, zu dem er Vertrauen hat. Der ist jetzt eine »Schnecke«, die eine festgeschlossene Körperhaltung am Boden einnimmt. Der andere soll die Schnecke aus ihrem imaginären Schneckenhaus herauslocken, ohne sich dabei der Sprache zu bedienen. Um sich möglichst intensiv in die Schnecke hineindenken zu können, erhalten die Teilnehmer hierfür genügend Zeit. Die Paare entscheiden selbst das Ende des Spiels und tauschen dann ihre Rollen. Es können auch die Spielpartner mehrmals gewechselt werden.

Zum Schluss wird z.B. darüber gesprochen, wie schwer es war, sich abzukapseln, wodurch sich die Schnecke locken ließ, auf welche Impulse reagiert wurde, wie einfühlsam der Partner war usw.

Spielintention: Behutsames miteinander Umgehen, Sensibilität, sich ohne Sprache mitteilen, spontane Reaktionen, Bewegungsimprovisation.

Nimm's wörtlich

Material: Vorbereitete Zettel.

Sprichwörtlich geht es bei diesem Spiel zu. Alle Mitspieler gehen durch den Raum und halten Blickkontakt. Plötzlich ruft die Spielleitung ein Sprichwort in den Raum, das von allen Spielern wörtlich zu nehmen ist.

Einige Beispiele:

- – jemandem die Zähne zeigen,
- – jemandem Beine machen,
- – jemanden an der Nase herumführen,
- – jemanden hinters Licht führen,
- – jemanden auf den Arm nehmen,
- – jemanden über die Löffel balbieren,
- – jemanden aufs Kreuz legen.

Weitere Anregungen finden sich in jedem Sprichwörterbuch.

Spielintention: Kontakt zum Mitspieler, Ideen umsetzen, körperlicher Ausdruck.

Defekter Stromkreis

Ein Spieler verlässt den Raum. Die anderen sitzen in einem großen Stuhlkreis und fassen sich an den Händen. Eine Stelle dieses geschlossenen »Stromkreises« ist defekt. Die Spieler einigen sich auf eine Stelle, z.B. auf den rechten Unterarm von »Sabine«. Der zuvor hinausgeschickte Mitspieler muss diese Stelle finden, indem er ein »Leitungsstück«, z.B. von »Bernds« linkem Oberarm bis »Annas« rechtem Unterarm »durchmisst«, nämlich »Bernds« Oberarm und »Annas« Unterarm anfasst, einen »Messton« (»tüüüt«) durch die Leitung schickt, den die Teilnehmer dann weitergeben, sofern sie kein defektes Leitungsstück haben. Wird ein »defektes Leitungsstück« durchgemessen, geben die Teilnehmer den Messton nicht weiter. So kann der »Elektriker« langsam das defekte Stück einkreisen. Bei unserem Beispiel wäre es gefunden, wenn man die Strecke rechte Hand/rechter Unterarm von »Sabine« durchmisst. Nach einem Spieldurchgang wird wieder ein Spieler hinausgeschickt und ein anderes Körperteil als »defekte Stelle« bestimmt.

Spielintention: Kooperation, Abbau von Berührungsängsten, Kontakt zu den Mitspielern.

Kleine Flirtschule

Material: 5 Stühle.

Flirten, sagt man, sei die Fähigkeit, jemandem nahe zu kommen, ohne ihm zu nahe zu treten. Genau darum geht es bei diesem Spiel. Fünf freiwillige Mitspielerinnen setzen sich auf die Stühle, während fünf freiwillige männliche Spieler den Raum verlassen. Die Frauen machen nun unter sich aus, wer welchen Mann durch Flirten erobern will, und geben dies den Zuschauern bekannt. Die Männer betreten einzeln den Raum, gehen einmal vor den Frauen hin und her und versuchen herauszubekommen, welche von ihnen besonders intensiv mit ihm flirtet. Meint er, »seine Partnerin« gefunden zu haben, kniet er vor dieser hin. War die Wahl richtig, so applaudieren die Zuschauer, hat sich der Kandidat geirrt, ruft das Publikum: »Ab nach draußen!« Das Spiel geht so lange, bis jeder Spieler seine Partnerin gefunden hat.

Spielintention: Wahrnehmung und Beobachtung, reagieren auf Blickkontakt, Kontaktaufnahme, Spannung und Spaß.

Wer sitzt da?

Das Spiel könnte auch »Wer sitzt wie?« heißen. Kurzum: Es geht darum, verschiedene Möglichkeiten des Sitzens anhand verschiedener Personen erfahrbar zu machen. Jeder Mitspieler stellt eine Sitzweise auf einem Stuhl vor, die von den anderen zu erraten ist. Also: An meinem Sitzen sollst du mich erkennen.

Beispiele:
Sitzen wie: eine Filmdiva, ein Lehrer, ein Boxer im Ring, ein König/eine Königin, ein Richter, ein Stadtstreicher, ein Schulkind, ein Fußballtrainer im Stadion, ein Schalterbeamter …

Spielintention: Körperlicher Ausdruck, Fantasie, Spaß am Darstellen und Raten, Gespräch über Sitzgewohnheiten und -wirkungen.

Blindfahrt

Auch ohne Führerscheinbesitzer zu sein, darf man an dieser »Blindfahrt« teilnehmen. Jeder Spieler sucht sich hierfür einen Partner. Einer legt von hinten die Hände auf die Schultern des anderen. Der vordere Spieler ist das Auto. Er streckt seine Arme mit hochgeklappten Händen als Stoßstange aus, während er gleichzeitig die Augen schließt. Der Wagenlenker steuert sein Auto an den Schultern geschickt durch den Verkehr, möglichst ohne mit anderen zusammenzustoßen. Nach einer gewissen Zeit bleiben alle stehen und tauschen die Rollen. Bei ungerader Teilnehmerzahl können sich auch drei Spieler zu einem Dreiradauto zusammenschließen oder mehrere Autos zu einem großen Bus.

Spielintention: Vertrauensübung, Kooperation, Orientierung unter Weglassung des Sehsinns, Spaß.

Schaufenstergestaltung

Material: (Eventuell) einfache Requisiten.

Wir bilden Gruppen mit je 4–6 Spielern. Einer von ihnen wird zum Schaufenstergestalter und soll nun aus den Mitspielern seiner Gruppe eine Dekoration aufbauen. Die »Schaufensterpuppen« lassen sich beliebig bewegen und in Positur bringen. Ein guter Dekorateur lässt am Ende seines Aufbaues erkennen, um welches Geschäft (z.B. Modeboutique, Friseur, Möbelgeschäft, Videothek, Sanitätshaus usw.) es sich handelt. Einfache Requisiten dürfen eingesetzt werden.

Spielintention: Körperlicher Ausdruck, Ideen umsetzen, Darstellungsfreude.

Flaschendrehen

Material: 1 Flasche.

Dieses Spiel bietet einer Gruppe, die sich schon etwas besser kennt, die Möglichkeit, nonverbal Sympathie auszudrücken und zu erfahren. Die Teilnehmer sitzen im Kreis, in dessen Mitte eine leere Flasche liegt. Die Spielleitung dreht die Flasche mit Schwung um die Querachse und lässt sie ausdrehen. Derjenige, auf den der Flaschenhals zeigt, darf jemanden umarmen, streicheln oder einen Kuss geben. Mögliche Variationen hängen von der Gruppe ab. Wer gewählt wurde, setzt als Nächster die Flasche in Bewegung.

Wie verhalten sich die einzelnen Spieler, wenn sie aktiv werden müssen? Wie reagieren die Gewählten? Fällt es schwer, Kontakt aufzunehmen? Ist jemand mehrfach gewählt worden? Hat sich jemand abgelehnt gefühlt? Fragen wie diese können sowohl Beobachtungs- und Auswertungshilfe als auch Anlass für ein Gespräch am Ende des Spiels sein. Gespielt wird, solange es der Gruppe Spaß macht.

Spielintention: Nonverbal Sympathie ausdrücken, Sympathiebekundung erfahren (annehmen/ablehnen), Gespräch über Sympathie, Sensibilität.

Simultantheater

Material: Kassettenrekorder mit Musikaufnahmen.

»Simultan« heißt, etwas gleichzeitig, nebeneinander tun. In unserem Fall bewegen sich die Spieler nach einer Musik durch den Raum. Sobald die Musik abbricht, ruft irgendein Mitspieler einen Ort, an dem viele Menschen zusammenkommen, z.B. Schule (Fußballplatz, Bahnhof, Krankenhaus). Nun spielen alle Teilnehmer gleichzeitig Schule (Lehrer, Direktor, Hausmeister, Schüler, Sekretärin). Beim »Krankenhaus« würden alle Ärzte, Pflegepersonal, Patienten, Besucher, Reinigungspersonal usw. darstellen. Der Musikeinsatz leitet immer wieder zu einem »Ortswechsel« über.

Spielintention: Aufeinander eingehen, komplexe Szenen darstellen, körperlicher und mimischer Ausdruck, Situationskomik.

Lebenspfad

Unser Leben birgt viele Risiken, Aufregungen, Hindernisse aber auch Spannendes und Geheimnisvolles. Durch manchen Lebensabschnitt scheinen wir blind hindurchgelaufen zu sein. Nicht ganz so riskant wie im wirklichen Leben, geht es beim »Lebenspfad« zu, den wir mit geschlossenen Augen gehen. Der Pfad wird aus allen Spielern bis auf einen gebildet, indem sie sich in zwei Reihen mit etwa 2 Metern Abstand und dem Gesicht zueinander aufstellen. Die Spieler halten ihre Hände nach vorne, um dem blinden Läufer gegebenenfalls die Richtung zu weisen, falls er von seinem »Lebenspfad« abweicht und ins »Leere« geht. An einem Ende des Pfades stehen zwei Mitspieler, die dem Blindlauf ein sanftes Ende bereiten. Am anderen Ende steht der Läufer, der sich freut, den Weg mit voller Geschwindigkeit zu durchlaufen. Manche Spieler wollen immer wieder laufen …

Spielintention: Vertrauensübung, ungewöhnliche Erfahrung.

Stumme Unterhaltung

Dieses Spiel macht deutlich, wie wenig im Allgemeinen bei Gesprächen auf die Möglichkeiten des körperlichen Ausdrucks von Wünschen und Mitteilungen geachtet wird.

Das Spiel wird nonverbal und unter Verzicht auf jegliche Geräusche durchgeführt. Jeder Teilnehmer versucht dem oder den anderen ausschließlich durch Gesten, Mimik und Körperbewegungen seine Meinung oder Wünsche klarzumachen. Als Themen eignen sich besonders die Anordnung von Gegenständen im Raum oder die Sitzordnung. Bei Veränderungsabsichten wird es unterschiedliche Wünsche und Auffassungen geben. Die Lösungen sind ebenfalls durch Gesten, Bewegungen und Berührungen auszudrücken.

Spielintention: Bewusstes Erleben nichtsprachlicher Ausdrucksmöglichkeiten, Wahrnehmungs- und Beobachtungsübung.

Begegnungen unangenehmer Art

Wir alle haben uns schon einmal in Situationen befunden, die alles andere als angenehm waren. Um »unangenehme Begegnungen« geht es bei diesem Spiel, für das die Spielleitung kleine Gruppen bildet, denen jeweils eine entsprechende Situation vorgegeben wird, die sie dann in ein Spiel umsetzen sollen.

Einige Beispiele:

- Aufdringlicher, geschwätziger Gast setzt sich im Restaurant zu einer Gruppe an den Tisch.
- Skinhead-Gruppe begegnet einem Ehepaar.
- Nörgelnder Mann äußert sich abfällig über »die Jugend« im Bus.
- Schüchterner, Gehemmter trifft eine Frauengruppe.
- Betrunkener belästigt Passanten in der Fußgängerzone.
- Ältere, jedoch rüstige Dame drängelt an der Supermarktkasse.

Nach dem Spielen der einzelnen Szenen bieten sich Gespräche über eigene Erlebnisse und mögliche Verhaltensweisen bzw. Reaktionen an.

Spielintention: Freie Improvisation, Darstellung, Ausdruck, Bewusstmachung von Verhaltensmustern und möglichen Reaktionen.

Rollenschminken

Material: Fettschminke, Creme oder Vaseline, Spiegel, Verkleidungsutensilien, Musik.

Das Schminken ist nicht nur an die Faschingszeit, das Theater oder Straßenaktionen gebunden. Der Schminkvorgang an sich kann eine reizvolle Erfahrung sein. Schminken heißt verwandeln. Das kann einzeln vor dem Spiegel oder paarweise gegenseitig geschehen. Wer geschminkt wird, setzt oder legt sich möglichst bequem und schließt die Augen. Das Gesicht des zu Schminkenden wird vorsichtig und sorgfältig eingefettet. Dann können das ganze Gesicht oder einzelne Stellen geschminkt werden. Musik kann sich beim Schminken als Stimulans und Raumfüller sehr positiv auswirken, zudem erleichtert sie die Kontaktaufnahme zwischen »Schminker« und zu schminkendem Mitspieler.

Beim Rollenschminken setzen sich je zwei Spieler zusammen und überlegen, welche Rollen sie sich schminken wollen (z.B. Clownsgesicht, Dracula, Hexe, Gangstervisage, Pippi Langstrumpf, Mephisto usw.). Nun schminkt jeder dem anderen das gewünschte »Rollengesicht«. In kurzen Spielszenen können anschließend die Rollen vorgestellt bzw. erraten werden.

Der Einsatz von Verkleidungsutensilien kann die Wirkung der geschminkten Gesichter unterstreichen.

Spielintention: Kreativer Ausdruck, Körperkontakt, Eingehen auf den Spielpartner, Sensibilität, Einfühlung, Darstellung.

Modenschau

Material/Hilfsmittel: beliebige alte Kleidung, Stoffe, Umhänge, Hüte, Brillengestelle, Tücher, Krepp-Papier, Schminke, Spiegel, Stecknadeln; Tische, Bretter, Kisten, Makulaturpapier für den Laufsteg.

Modenschauen sind eine besonders reizvolle und lebendige Form der (Selbst-)Darstellung. Sie eignen sich sowohl als Höhepunkt oder zur Auflockerung eines Festes als auch für eine eigenständige Aktion. Zunächst wird ohne Publikum mit der Kleidung, den Requisiten und der Schminke geübt. Wenn die Posen und Stellungen »sitzen«, können die »Mannequins« und »Dressmen« vor Publikum auftreten.

Vorgeführt wird entweder auf Brettern und Kisten oder auf Tischen, aus denen zuvor ein Laufsteg gebaut wurde. Als Verzierungen dienen bemalte Makulaturpapiere, Stoffe und Blumen aus Krepp-Papier.

Möglichkeiten der Kostümierung gibt es viele. Zum einen können wir verschiedene Gruppen bilden, in denen Mannequins und Dressmen ausschließlich mit vorher bereitgelegten Materialien (z.B. leeren Müllsäcken, Alufolie, Krepp- oder Zeitungspapier) hergerichtet werden. Es können aber auch entsprechende alte Kleidungsstücke durch Verfremdung ein »verrücktes« Kostüm oder ein »schrilles« Modellkleid ergeben. Schließlich kann die gesamte Modenschau unter ein Motto gestellt werden (z.B. Öko-Mode 2000, Spar-Kleidung für den knappen Geldbeutel, Survival-Kleidung für jedes Klima usw.).

Die Akteure, es sollten mindestens 10 sein, bereiten sich in einem Nebenraum vor. Das Publikum sitzt um den Laufsteg herum.

Die Modenschau gewinnt an Atmosphäre durch die lebhaften Kommentare eines wortgewandten Conférenciers oder einer Modeschöpferin und durch eine gelungene musikalische Untermalung. Je mehr Teilnehmer beschäftigt sind, umso größer wird der Spaß für alle.

Spielintention: Fantasie entwickeln und umsetzen, Originalität, Verfremdung vorgegebenen Materials, Selbstdarstellung, körperlicher Ausdruck.

Zustände

Material: Vorbereitete Karten.

Es ist gar nicht so einfach, anderen bestimmte Verhaltensweisen oder innere Zustände deutlich zu machen. Für unser kleines Spiel haben wir Karten vorbereitet, die nacheinander von den einzelnen Spielern gezogen und dargestellt werden. Dieses kann sowohl pantomimisch als auch verbal geschehen. Zu erraten ist ein bestimmtes Wort.

Beispiele:

Lustig – optimistisch – grauenvoll – unklar – albern – bedrückt – verwirrt/verwirrend – langweilig/gelangweilt – schlecht – sehr gut – irreal – pessimistisch – nicht konkret – fantasielos – vernünftig – realistisch …

Spielintention: Körperlicher und sprachlicher Ausdruck, Förderung der Darstellungsfähigkeit, Fantasie entwickeln, sich mitteilen.

Notlandung in Fantasia

Hilfsmittel: (eventuell) Stühle als Flugzeugsitze.

Alle Spieler besteigen ein Flugzeug. Es hebt ab. Wir fliegen. Das Flugzeug wird von leichten Windböen erfasst. Aus dem Cockpit kommt die Mitteilung, dass die Maschine durch ein Luftloch fliegt. Wir sacken ab. Das Unwetter nimmt zu. Die Piloten entschließen sich zu einer Notlandung. Alle Passagiere schnallen sich an. Holpernd jagt das Flugzeug über ein Stoppelfeld. Wir befinden uns in einem völlig unbekannten Land. Die Passagiere steigen aus dem Flugzeug. Alles sieht merkwürdig aus und riecht ganz fremd. Langsam nähern wir uns einer Stadt mit ungewöhnlichen Straßen. Dort gibt es z.B. die Spring- und Hüpfstraße, die Lachstraße, die Streichelstraße, Flüsterstraße, Kitzelstraße, Umarmungsstraße, Rückenkraulstraße, Anrempelstraße und andere mehr.

Alle Aktionen können sowohl pantomimisch als auch sprachlich ausgeführt werden. Eine »Reiseleitung« kann als Regisseur/in durch das Spiel führen.

Spielintention: Freude am Darstellen, körperlich-mimischer Ausdruck, Aktion, Bewegung, Kontaktaufnahme.

»Humane« Maschine

Material: (Eventuell) Musik.

In unserem hochmodernen Technologiezeitalter werden Menschen immer mehr durch Maschinen, Computer und Roboter ersetzt. Ähnlich, wenn auch »humaner«, geht es bei diesem Körperspiel zu, für das wir Kleingruppen von maximal 6 Spielern bilden. Je ein Ingenieur soll aus den übrigen Mitspielern eine Maschine zusammenbauen. Die einzelnen »Maschinenteile« sollen sich dabei an den Händen, Hüften, Knien oder Füßen berühren und Töne von sich geben. Gelingt es nicht, die fertige Konstruktion in Bewegung zu setzen, muss der Ingenieur versuchen, den bzw. die Fehler zu beseitigen. Um die Maschine in einen bestimmten Arbeitsrhythmus zu bringen, kann Musik eingesetzt werden.

Die menschliche Maschine, sie kann z.B. eine Fließbandstraße, eine Druckerpresse oder Waschmaschine darstellen, soll etwa 3 bis 4 Minuten reibungslos funktionieren.

Die Maschine kann auch auf die Hilfe eines Ingenieurs verzichten und sich selbst organisieren.

Spielintention: Einfallsreichtum, Ideen umsetzen, Kooperation, körperlicher Ausdruck, Darstellungsvermögen.

Car-Wash

Das Auto, des Deutschen liebstes Kind, ist schmutzig geworden. Es muss in die Waschstraße. Dafür stellen sich die Spieler in zwei gleich langen Reihen mit dem Gesicht zueinander auf. Zwischen den Reihen besteht ein Abstand von einer Armlänge. Dann knien sich alle hin. Ein freiwilliger Spieler geht ans Ende der Reihe und teilt der »Waschstraße« mit, dass er z.B. ein schmutziger Trabbi ist und bewegt sich auf allen vieren durch die Reihen hindurch.

Von der Automarke und dem Zustand des Wagens hängt es ab, wie gewaschen und gereinigt wird. So wird der schmutzige Trabbi gründlich eingeschäumt und gebürstet, während ein neuer Mercedes oder Volvo nur schonend mit dem weichen Schaum gewaschen wird, um den Lack nicht zu beschädigen. Und genau das machen jetzt die Spieler in den beiden Reihen. Mit ihren Händen spritzen sie das Auto nass, schäumen es kräftig ein, bürsten den Schmutz ab und blasen es trocken. Dieses kann in einem oder in zwei Waschdurchgängen geschehen. Die vollautomatische »Waschanlage« nimmt auf die individuellen Unterschiede der Fahrzeuge Rücksicht.

Spielintention: Körperkontakt, körperlicher Ausdruck, Sensibilität, Kooperation.

Vier auf einen Streich

Material: Zeitungen, Kassettenrekorder mit Musikaufnahmen.

Ein Spiel, bei dem sich die Teilnehmer garantiert näher kommen. Je vier Personen stellen sich auf eine ausgebreitete Zeitung und bewegen sich sanft zur Musik des eingeschalteten Kassettenrekorders. Wird die Musik unterbrochen, falten die Spieler ihre Zeitung jeweils einmal zusammen. Nach und nach verkleinert sich so die Stand- bzw. Tanzfläche. Zum Schluss befinden sich alle aneinander geklemmt nur noch auf einem klitzeklein zusammengefalteten Zeitungspapier.

Spielintention: Aufeinander eingehen, Abbau von Berührungsängsten, Kooperation, Spielspaß.

Action, Wirbel, Austoben, körperliches Wohlbefinden, lustvolles Ausleben: bewegungsintensive Spiele

Jedem echten Vergnügen liegt eine körperliche Lustempfindung zu Grunde. Bei Kindern äußert sich diese Lustempfindung im lebensnotwendigen Grundbedürfnis nach Bewegung. Erwachsene haben sich um diese Lust bereits weitgehend gebracht. Dabei kommt es auch bei ihnen nach längeren Phasen der Bewegungsarmut zu einem erhöhten Bewegungsdrang, zu Spannungen und Aggressionen.

Spannungszustände des Körpers, selbst heftige Gefühle, können wir am einfachsten durch intensive Bewegung abreagieren. Wenn Körperbewegungen ungehindert fließen und mit der Umgebung im Einklang sind (wie z.B. beim Tanzen), kommt es zu angenehmen Empfindungen. Dieser Zustand körperlicher Lust führt beim Spiel zum erforderlichen Lockerlassen und der Körper reagiert frei. Wer gehemmt ist, tut sich beim Lustempfinden schwer, weil unbewusste Zwänge in seinem Körper die natürliche Beweglichkeit blockieren. Er bewegt sich entsprechend steif, verkrampft und unrhythmisch.

Wie beweglich jemand ist, spiegelt sich auch in der Lebhaftigkeit seines Gesichtsausdrucks und seiner Gestik wieder. Ein wendiger Körper ist eine Grundlage für Spontaneität, die wiederum ein Auslöser für kreatives Verhalten ist.

Als wichtigste Ziele der bewegungsintensiven Spiele lassen sich nennen: Lust und Spaß an Bewegung, Auflockerung und Gelöstheit, Körpererfahrungen machen, Bewegungsimprovisationen erleben; sich austoben, ungezwungen verhalten, abreagieren; Wendigkeit, Kraft und Ausdauer erfahren.

Wilde Bewegungsspiele müssen kein Chaos bedeuten, wenn man sich vor Spielbeginn auf für alle verbindliche Regeln einigt. Durch die meist offenen Spielsituationen, wird auch die Fantasie der Teilnehmer/innen angeregt und gefördert.

Spielangebote

Ballonspiele

Material: Luftballons, Musik, Kugelschreiber oder Filzschreiber.

Luftballons können ideale »Spielpartner« sein. Für diese Spielfolge erhält jeder Teilnehmer einen Luftballon, auf den er seinen Namen schreibt. Zu einer bewegungsbetonten Musik gibt die Spielleitung in Abständen von etwa 3 Minuten folgende Spielanweisungen:

1. Alle spielen, tanzen und bewegen sich mit ihrem Ballon.
2. Unter Einsatz aller Körperteile halten wir den Luftballon ständig in der Luft.
3. Wir tauschen unseren Ballon mit einem Partner aus, spielen uns die Ballons zu, z.B. von Fingerspitze zu Fingerspitze.
4. Jeder nimmt sich einen Ballon, sucht den Besitzer und sagt ihm, was man sich von ihm gemerkt hat.
5. Alle Spieler versuchen gemeinsam alle Ballons in der Luft zu halten.

Die Reihenfolge ist beliebig veränderbar.

Spielintention: Körpergefühl entwickeln, behutsame Bewegungen, Kooperation, Kontakt, Dialoge.

Ebbe und Flut

Die Spieler verteilen sich im Raum, und die Spielleitung beginnt eine Geschichte zu erzählen, die von Menschen am Strand handelt. Alle Spieler führen die Bewegungen aus, die in der Geschichte vorkommen, also z.B. gehen, im Sand kriechen, Ball spielen, auf einem Bein hüpfen usw. Fällt in der Geschichte das Wort »Ebbe«, müssen sich alle schnell auf den Boden setzen. Wer zuletzt sitzt, erzählt weiter. Wird aber das Wort »Flut« erwähnt, müssen alle umgehend mit ihren Füßen vom Boden weg, z.B. auf Stühle oder Tische steigen. Wer zuletzt oben ist, erzählt weiter.

Spielintention: Action, Spannung, Reaktion, Situationskomik.

Tanz der Vampire

Material: Eine möglichst spannende, schaurige (Tanz-)Musik.

Ein Spiel, frei entwickelt nach dem gleichnahmigen Film Roman Polanskis. Zu einer möglichst schaurig-spannenden Musik tanzen alle Spieler mit geschlossenen Augen im Raum. Begegnen sich zwei Tänzer, so geben sie sich die Hand. Einer der Mittänzer ist der Blut saugende Vampir. Er stößt nach dem Händedruck einen wilden Schrei aus und verwandelt somit den anderen auch zum Vampir. Sein Ziel ist, möglichst alle mit dem Vampir-Bazillus zu infizieren und alle zu Vampiren zu machen. Treffen jedoch zwei Vampire aufeinander, sind sie wieder erlöst. Für karpaten- und vampirtanzerfahrene Spieler bietet sich als Variante des Händedrucks ein Kuss auf den Hals an.

Übrigens: Der Lieblingswalzer der Vampire ist »Wiener Blut«.

Spielintention: Spaß, Spannung, Kontakte.

Hintendrauf

Obwohl dieses Spiel von modernen Pädagogen sicher als ein Relikt aus der Zeit körperlicher Züchtigung angesehen wird, erfreut es sich nach wie vor großer Beliebtheit.

Zwei Mitspieler stellen sich einander gegenüber. Der eine ergreift mit seiner rechten oder linken Hand die seines Gegenübers und hält diese während des ganzen Spiels fest. Jeder versucht nun mit seiner freien Hand dem anderen auf den Po zu klopfen. Wer es dreimal geschafft hat ist Sieger. Anschließend suchen sich Verlierer und Gewinner neue »Hintendraufpartner«.

Spielintention: Bewegungsspaß, körperliches Geschick, ausgelassen sein.

Höhenflug

Ein schönes Gemeinschaftserlebnis für die Gesamtgruppe vermittelt dieses Spiel. Es wird eine Doppelreihe gebildet, bei der sich die Spieler frontal gegenüberstehen. Sie halten sich jeweils zu zweit an ihren überkreuzten Händen fest. Ein Mitspieler wird durch die Spielreihe hindurchgewippt. Am Ende der Reihe warten ein bis zwei kräftigere Mitspieler, die dem »Höhenflieger« bei der sanften Landung behilflich sind und ihn auffangen.

Brillenträger sollten vor Spielbeginn ihre Brille absetzen.

Spielintention: Vertrauensübung; ungewöhnliche, angenehme Körpererfahrung machen.

Auftau- und Gefriertanz

Material: Rhythmusbetonte Musik.

Die Spieler stehen einzeln verteilt im Raum. Die Spielleitung teilt ihnen mit, dass ihre Körperteile »eingefroren« sind und erst allmählich wieder »aufgetaut« werden.

Zu einer rhythmusbetonten Musik werden durch Ansage die einzelnen Körperteile in Abständen von ca. 15 Sekunden »aufgetaut«. Vorschlag für die Reihenfolge:

Stirn – Kopf – Finger – Hände – Schultern – Oberkörper – Hüften – Beine – ganzer Körper. Dann erfahren die Spieler, dass sie wieder »eingefroren« werden, und es erfolgt die Rücknahme der Bewegungen: … Beine – Hüften – Oberkörper …

Am Ende des Spiels reflektieren die Tänzer, wie sie das Spiel erlebt und die Musik erfahren haben.

Spielintention: Körperliche Bewegungsmöglichkeiten erleben; erfahren der Spannung, sich nicht bewegen zu dürfen; Körperbeherrschung.

Sardinendose

Hilfsmittel: möglichst mehrere abgedunkelte Räume, in denen man sich verstecken kann.

Ein spannendes Spiel, das in etwas abgewandelter Form in Louis Malles Film »Pretty Baby« gespielt wurde. Je nach Anzahl der Räume können 6–30 Personen mitspielen. Wichtig ist, dass sich die Räume völlig verdunkeln lassen. Dann wird ein (!) Spieler ausgemacht, der 3 Minuten Zeit hat, sich in einem der Räume zu verstecken. Nach etwa 3 Minuten geht jeder für sich los, um den Versteckten zu suchen. Wenn ein Spieler eine Person entdeckt hat, sagt er nichts, sondern bleibt mäuschenstill und gesellt sich zu dieser Person. Jeder weitere, der das Versteck findet, macht es ebenso, bis ein armer Mitspieler allein herumirrt.

Besonders lustig wird es, wenn einige Spieler mogeln, indem sich z.B. ein Suchender irgendwo hinsetzt oder hinlegt und so tut als sei er der Gesuchte. Je nach »Findigkeit« der Sucher kann das Spiel mehr oder minder lange dauern. Wer als Erster das Versteck findet, darf sich in einer nächsten Spielrunde als Erster verstecken. Das Spiel eignet sich besonders für dunkle Abendstunden.

Spielintention: Spannung, Spaß, Kontakte zu den Mitspielern.

Schlangengrube

Material: 1 etwa 8 bis 10 Meter langes Seil.

Wir knoten das Seil so, dass es einen Kreis bildet. Dieses Seil fassen dann alle Spieler an und achten darauf, dass es immer gespannt ist. Jetzt kommt ein durch Abzählen ermittelter Spieler in den Kreis. Er versucht, die Hand eines Mitspielers am Seil zu erwischen. Sobald er jemanden abgeschlagen hat, darf er aus dem Kreis, der Schlangengrube, und der Abgeschlagene muss hinein. Allerdings: Die Spieler am Seil können das Seil loslassen, was der »Schlange« im Kreis nicht unbedingt gefallen wird. Damit das Seil gespannt und das Spiel spannend bleibt, müssen die Spieler nach dem Loslassen des Seils sofort wieder nachgreifen.

Spielintention: Körperliche Geschicklichkeit, Reaktion, Kooperation, Spannung, Spaß, Bewegung.

Blume

Die Spieler liegen auf dem Boden. Von der Spielleitung erfahren sie, dass sie sich auf einer imaginären Wiese befinden.

In bestimmten Abständen folgen Spielimpulse wie:

– Nehmt den Geruch und Geräusche um euch wahr (mit geschlossenen Augen).
– Ihr erwacht und seid eine Blume …
– Zuerst hebt die Blume langsam ihren Körper …
– Die Blume saugt die erwärmenden Strahlen in sich auf und beginnt zu wachsen …
– Ein Schmetterling setzt sich auf ihrer Blüte nieder …
– Langsam ziehen Wolken auf und die Blüte schließt sich ein wenig …
– Leichter Nieselregen lässt die Blüte kleiner und immer kleiner werden …
– Am Abend hat sie wieder in ihre Ausgangsstellung zurückgefunden.

Spielintention: Sensibilisierung; spontane, einfühlsame Reaktionen, körperliche Ausdrucksmöglichkeiten, Bewegungsimprovisation.

Hölle

Material: Je Spieler ein Tuch.

Wer dieses Spiel einmal mitgemacht hat, weiß, wie es in der Hölle zugeht. Jeder Spieler erhält ein Tuch, das am Gürtel oder sonst wo an der Kleidung zu befestigen ist. Jedoch nicht etwa mit einem Knoten, sondern möglichst so, dass man es leicht stibitzen kann. Sind alle Tücher befestigt, geht es los. Alle werden jetzt versuchen, den anderen Mitspielern die Tücher zu stehlen. Wem dabei das eigene Tuch verloren geht, scheidet aus. Besonders wild geht es in der

Hölle bei begrenzter Spielzeit zu. Wer stibitzt die meisten Tücher und wird Oberteufel/in?

Spielintention: Sich austoben, übermütig sein, Spaß haben.

Kissenschlacht

Material: Strapazierfähige, mit Schaumstoff gefüllte Kissen.

Auch hier geht es wild zu. Im möglichst freigeräumten Raum wird nach Leibeskräften getobt. Jeder darf sein Schaumstoffkissen auf jeden werfen. Wer nicht mitspielen möchte, wirft sein Kissen weg und darf nicht mehr angegriffen werden. Das Spiel eignet sich auch für draußen. Dort sollte der Spielraum eingegrenzt werden.

Spielintention: Austoben, Gelöstheit, verrückt spielen dürfen.

Dinoschwanzjagen

Material: 1 Tuch.

Wer den gefährlichen, irrwitzigen Dinosaurier Rex in Aktion erleben will, muss einfach mitmachen und sich an den »Dino« anschließen, bei dem die Spieler die Hüfte ihrer Vorderfrau bzw. ihres Vordermannes umfassen. Der mächtige Dinosaurier bekommt an seinem Schwanz – also dem letzten Mitspieler – ein Tuch befestigt, das der Kopf des Dinos ergattern muss. Die Jagd kann beginnen.

Spielintention: Spaß, Gelöstheit, Kooperation, Action.

Ozeanwelle

Hilfsmittel: Stühle.

Die Spieler sitzen auf eng zusammenstehenden Stühlen im Kreis. Ein Spieler kommt als »Kapitän« in die Mitte und übernimmt das Kommando. Sobald er »Welle von links« ruft, müssen alle Stuhl um Stuhl nach links rücken. Das muss sehr schnell gehen, wobei der Kapitän versucht, auf einen freien Stuhl zu gelangen. Beim

Kommando »Welle von rechts« muss die Welle in der anderen Richtung laufen. Besonders reizvoll wird es, wenn die Kommandos schnell wechseln. Gelingt es dem Kapitän, einen freien Stuhl zu ergattern, wird der zum Kapitän, der nicht schnell genug nachrücken konnte. Gelingt es dem Kapitän nicht, so kann er »Flut« rufen, und alle Spieler müssen die Plätze wechseln. Nach einigen Spieldurchläufen werden die Bewegungen immer flüssiger und koordinierter.

Spielintention: Action, Koordination, Reaktion, Spaß an der Bewegung.

Flohjagd

Material: 1 Tuch.

Mit diesem Spiel wird der Flohplage der Kampf angesagt. Ein freiwilliger Spieler schlüpft in die Rolle des »Kammerjägers«. Ihm werden mit einem Tuch die Augen verbunden. Dann wird er auf einer zuvor abgegrenzten Spielfläche einige Male herumgedreht. Der Kammerjäger soll nun die umherhüpfenden Flöhe bzw. Mitspieler abschlagen. Das Spiel ist zu Ende, wenn alle Flöhe eingefangen wurden und sich keiner mehr bewegt.

Spielintention: Bewegungsspaß, räumliche Orientierung beim Fänger. Austoben.

Land unter

Hilfsmittel: Stühle.

Die Heimat dieses Spiels könnten die ostfriesischen Halligen sein. Alle Spieler stehen zu Beginn des Spiels jeder auf einem Stuhl im Raum. Sie wandern dann gemeinsam von Stuhl zu Stuhl, während die Spielleitung von außen versucht, jeden kurzzeitig leeren Stuhl zu entfernen. Auf wie vielen Stühlen bzw. Halligen haben die Spieler Platz, ohne den Boden bzw. das Wasser berühren zu müssen?

Spielintention: Reaktionsvermögen, körperliche Geschicklichkeit.

Momentaufnahmen

Material: Musik.

Für dieses Spiel benötigen wir genügend Spielfläche. Die Teilnehmer bewegen sich zu einer Musik kreuz und quer durch den Raum. Sobald die Musik von der Spielleitung unterbrochen wird, erfolgt eine Anweisung, die sofort zu erfüllen ist. Sobald dann die Musik wieder einsetzt, bewegen sich alle weiter durch den Raum. Vorschläge für Anweisungen:
- Alle legen sich auf den Boden und stehen erst wieder auf, wenn die Musik beginnt.
- Jeder versucht sich genau in die Mitte des Raumes zu stellen.
- Ganz schnell stellen sich alle hintereinander in alle vier Ecken des Raumes.
- Jeder versucht sich irgendwo im Raum zu verstecken.

Spielintention: Einstellen auf unvorhersehbare Situationen, Spontaneität, Auflockerung, Kontaktaufnahme, Bewegung.

Ausbruch

Zwei Ganoven wollen aus einem Kreis – ihrem Gefängnis – ausbrechen. Die umstehenden Spieler halten sich an den Händen fest und wehren, so gut es geht, ab. Sobald einem der Gangster der Ausbruch gelingt, darf er von außen her seinem Komplizen helfen.

Spielintention: Sich austoben, Kooperation, Koordination, Reaktion.

Popcorn

Hier geht's schön flippig zu. Alle Spieler stellen Maiskörner dar, die auf einer großen Bratpfanne liegen. Langsam fangen sie an zu »poppen«. Einige »poppen« aneinander und »poppen« nun gemeinsam. Zum Schluss wird von der Spielleitung imaginärer Honig über das Popcorn gegossen und alle kleben aneinander.

Spielintention: Austoben, Bewegungsfreude, Körperkontakte.

Ohne Tau ziehen

Es geht auch ohne Tau. Auf einem nicht zu harten Untergrund stellen sich zwei gleich starke Gruppen hintereinander gegenüber. Die ersten Spieler halten sich an den Händen fest. Die Hinterfrauen und Hintermänner fassen sich an den Hüften. So richtig schön wird das Spiel, wenn die Spieler die Seiten wechseln und jeweils der gerade schwächsten helfen.

Spielintention: Austoben, Kräftemessen, aber auch Kooperation.

Formel-I-Start

Wir befinden uns am Start zur Weltmeisterschaft der Formel-I-Rennwagen in Monte Carlo. Bei diesem Spiel können sich die Spieler richtig abreagieren und schreiben, was das Zeug hält.

Für den »Start« der PS-starken Renner stellen sich alle in einem großen Kreis auf und machen die Bewegungen und Geräusche der Spielleitung mit.

Es beginnt mit völliger Stille, dann

– in die Hände klatschen, zuerst lautlos, dann langsam stärker und schneller werdend …
– Nun mit den Füßen stampfen, erst lautlos, dann schwach, schließlich stärker und stärker, schneller und schneller …
– Hand- und Fußgeräusche steigern sich. Alle stampfen und klatschen, was das Zeug hält …
– Die Motoren der Rennwagen sind so richtig in Gang gekommen, der Lärm steigert sich, die Arme werden hochgeschleudert und unter höllischem Geschrei jagen die Rennwagen los, während alle Spieler so hoch springen, wie sie können …
– Der Lärm nimmt jetzt immer mehr ab. Die Rennwagen sind am Horizont verschwunden.

Spielintention: Sich so richtig abreagieren, Bewegungen ausleben.

Rasante Bustour

Hilfsmittel: 1 Stuhl pro Teilnehmer.

Heute ist ein günstiger Ausflug mit »Horror-Tours«, dem wilden Busunternehmen aus Krachingen, angesagt.

Wie im Bus sind die Stühle hintereinander angeordnet. Wenn alle Platz genommen haben, startet der Busfahrer eine rasante Fahrt, die durch entsprechende Körperbewegungen verdeutlicht wird, z.B. durch plötzliches Zurückfallen beim Anfahren, heftiges Rütteln während der Fahrt, halsbrecherische Rechts- und Linkskurven, Nach-vorne-Fallen beim scharfen Bremsen. Die Businsassen machen alle Bewegungen mit. Der Fahrer kann seinen Fahrstil noch akustisch mit »Motorgeräuschen und quietschenden Bremsen« unterstreichen. Das Spiel eignet sich besonders als Überleitung zu anderen Spielen.

Spielintention: Spaß an der Bewegung, Koordination.

Wilde Auktion

Material: Beliebige Gegenstände, Kiste, Stühle.

Heute findet eine außergewöhnliche Auktion statt. Versteigert werden Gegenstände bekannter Persönlichkeiten. Der Auktionator steht auf einer stabilen Kiste oder einem Stuhl. Alle anderen Mitspieler sitzen vor ihm und schauen ihn an. Auf der gegenüberliegenden Raumseite stehen so viele Stühle, wie Mitspieler vorhanden sind. Versteigert wird z.B. die berühmte Schublade eines ehemaligen Sozialministers oder der Hut von Kaiser Napoleon. Es wird geboten: Zum Ersten, zum Zweiten – und plötzlich heißt es zum Dritten. Sofort müssen alle auf die gegenüberliegende Seite laufen. Wer keinen Platz abbekommen hat, schlüpft in die Rolle des Auktionators und darf weiter versteigern.

Spielintention: Originelle Ideen äußern, Bewegung, Action, Spaß.

Skatebordpaddeln

Material: 2 Skateboards, Stoppuhr.

Gespielt wird in mehreren Durchgängen jeweils zu zweit um die Wette. Die Wettkämpfer hocken jeder auf einem Skatebord und versuchen so schnell wie möglich eine bestimmte Strecke zu durchfahren. Zur Fortbewegung dürfen sie ausschließlich die Hände benutzen. Das Wettpaddeln ist sportlicher und optischer Genuss zugleich.

Spielintention: Körperbeherrschung, Kraft, Wendigkeit, Ausdauer, Jux.

Grenzen überschreiten, albern und verrückt sein, Spaß an kultiviertem Quatsch haben: Nonsens- und Blödelspiele

Als Deutsche sind wir es gewohnt, tiefernst miteinander umzugehen. Den Humor überlassen wir vorwiegend den Berufskomikern. Manche von ihnen, wie z.B. Loriot, beherrschen die Kunst des Nonsens, indem sie den Unsinn hinter den (oft ernsten) Dingen erst sichtbar machen.

Wenn etwas keinen »Sinn« macht – für wen und in wessen Interesse eigentlich? – spricht man von »Quatsch«, »Blödelei« und »Nonsens«. Laut Duden stehen alle drei Bezeichnungen für »Unsinn, sinnloses, törichtes, auch dummes Zeug und Gerede«. Abgesehen von den uns eigenen Sinnen wie Seh-, Hör-, Riech-, Schmeck- und Tastsinn, gibt es eine Reihe anderer »Sinne«: Scharfsinn, Stumpfsinn, Eigensinn, Leichtsinn, Frohsinn, Tiefsinn, Schwachsinn, Wahnsinn und natürlich Unsinn- bzw. Blödsinn.

»Sinnig« bedeutet eigentlich so viel wie »empfänglich« und »gedankenreich«. Im Alltag – ob in Schule, am Arbeitsplatz, in Freizeit oder Politik – gibt es immer wieder Situationen, deren scheinbar ernster Sinn sich bei näherer Betrachtung als potenzierter Unsinn darstellt. Die Frage nach der Ernsthaftigkeit, also nach dem Sinn, ist nicht zuletzt eine Frage des persönlichen Standpunktes.

Auch Nonsens und Blödeleien haben natürlich einen Sinn. Da sie fast ausnahmslos mit Lachen, Spaß und Freude zu tun haben, können wir sie getrost als die preiswerteste Art der Psychotherapie bezeichnen. Peter Ustinov beschrieb das Lachen einmal als »die zivilisierteste Form menschlichen Geräuschs«. Nonsens- und Blödelspiele sind eine ausgezeichnete Möglichkeit, sich selbst nicht ununterbrochen wichtig zu nehmen. Sie sind eine gesellige Spielform mit mimischen und dialogischen Elementen. Als besonders lustbetonte Spiele leben sie vom Vergnügen am (kultivierten) Blödsinn,

vom Mut zur Verfremdung und Selbstironie, vom Gemeinschaftserlebnis, von der Verwirklichung origineller Ideen, der Freude am
Parodieren und Improvisieren.

Spielangebote

Grimassenrunde

In jedem Gesicht schlummern verborgene Ausdruckskräfte, die wir
jetzt endlich aktivieren wollen.

Die Spieler sitzen oder stehen im Kreis, sodass sich alle sehen
können. Einer beginnt als Erster und schneidet eine Grimasse.
Wenn sie jeder gesehen hat, wendet er sich nach rechts oder links.
Hat sich der Nachbar vom Gelächter, Erstaunen oder Schock er-
holt, versucht er die vorgegebene so genau wie möglich nachzuahmen und weiterzugeben. So macht die Fratze einmal die Runde.

Variation: Ein Spieler setzt eine bestimmte Grimasse auf und dreht
sich zum rechten Nachbarn. Dieser übernimmt die aufgesetzte
Miene, wendet sein Gesicht zur Mitte, sucht sich eine neue Grimasse und gibt diese weiter nach rechts usw.

Nachdem jeder sein verzerrtes »Spiegelbild« gesehen hat, wird er sicher mit seinem alten Ego zufrieden sein.

Spielintention: Mut zur Verfremdung und Selbstironie, Spaß am
Blödeln, Gelöstheit.

Das Festessen

Material/Hilfsmittel: 1 langes Seil (pro Teilnehmer ca. 50 cm), ge-
deckter Tisch, (eventuell) Lätzchen, Tafelmusik.

Hier geht es nicht etwa um das berühmte »Dinner for one«, son-
dern gleich um eine große Festtafel. Für unser außergewöhnliches
»Festessen« werden alle rechten Hände der Teilnehmer an den
Handgelenken in etwa 40 cm Abstand zusammengeknotet.

Das Spiel erfordert Geschick, Taktik und Kooperation, denn die Teilnehmer des Festessens müssen sich aufeinander abstimmen, wann nun wer die Tasse an den Mund führen oder sich etwas vom Teller nehmen darf. Da kommt es schon vor, dass dem Nachbarn einmal das Getränk verschüttet oder der Bissen aus dem Mund gezogen wird. Man wird sehen …

Spielintention: Spaß an kultiviertem Blödsinn, Kooperation, Entwickeln von Problemlösungsstrategien.

Bierkrugstemmen

Material: 2 Bierkrüge, Wasserbehälter mit Wasser zum Nachfüllen, Stoppuhr.

Liebhaber bayerischer Traditionen kennen dieses Spiel natürlich. Wir führen es in der alkoholfreien Variante durch. Dazu müssen die Spieler einen mit Wasser gefüllten Bierkrug so lange wie möglich waagerecht am ausgestreckten Arm halten. Die »Kraftprotz«-Übung kann entweder zu zweit gegeneinander oder einzeln im Ringen mit der Stoppuhr durchgeführt werden. Sieger wie Verlierer erhalten zur Kräftigung einen Schluck Malzbier.

Spielintention: Kraftübung, Ausdauer, Konzentration, Gaudi.

Killerspiel

Material: 1 Kartenspiel.

Dieses schaurig-schöne Spiel ums lautlose Morden ist eine Unterhaltung für 7–15 Teilnehmer. Eine besondere Vorbildung, wie z.B. das Ansehen aller Krimi-Wiederholungen im Fernsehen oder das Lesen von Sherlock-Holmes-Büchern, ist nicht notwendig. Benötigt werden nur ein Skatspiel und viel Spielfläche, am besten ein ganzes Gebäude, in dem man sich gut verstecken kann. Im Wesentlichen geht es darum, dass ein Killer alle anderen ins Jenseits befördert oder der Entdeckung durch den Kommissar entgeht. Der Kommissar gewinnt, wenn er den Killer möglichst rasch zur Strecke bringt, und alle anderen Mitspieler gewinnen, wenn sie sich ihrer Ermordung entziehen.

Und so geht's los: An die Spieler werden Karten mit Pikass und Herzkönig verteilt. Wer den Herzkönig zieht, wird Kommissar und zieht sich in einen kleinen, abgelegenen Raum zurück, z.B. ins WC. Die anderen Mitspieler stecken ihre Karten ein und verstecken sich. Killer ist derjenige, der das Pikass gezogen hat. Er killt, indem er eine Person zart berührt und ihr ins Ohr flüstert: »Sorry, aber du bist tot.« Das Opfer muss dann sofort zu Boden sacken. Liegt es bereits auf dem Boden, so muss es in dieser Position verharren. Das Spiel geht weiter, bis der Killer alle »um die Ecke« gebracht hat oder ein Mitspieler, nachdem er ein Opfer entdeckte, sofort zum Kommissar eilt, um ihm die schaurige Nachricht zu überbringen. Der Kommissar versammelt dann alle Überlebenden, zu denen natürlich auch der noch unentdeckte Killer gehört, um sich zum Verhör. Außer dem Killer müssen alle Mitspieler die Wahrheit sagen. Der Kommissar darf nur einmal sagen, wen er nach seiner Befragung für den Killer hält. Behält er Recht, ist er der Gewinner des Spiels, irrt er sich, geht das Spiel weiter, und der Killer setzt sein böses Treiben fort.

Spielintention: Spannung, Spaß, Kombinationsfähigkeit, Fragetechnik und Wortgewandtheit (des Kommissars).

Geisterhaus

Material/Hilfsmittel: siehe Spielbeschreibung.

Ob wir es Geisterhaus, Geisterbahn oder Gruselkabinett nennen, wichtig ist, dass es bei diesem Spiel, das sich auch als abendfüllendes Geisterfest gestalten lässt, schön gruselig zugeht.

Je nach Zusammensetzung der Teilnehmer und beabsichtigtem Zeitaufwand werden mehrere Räume oder ein ganzes Gebäude zum »Geisterhaus«.

Aus großem Packpapier, Tapetenrollen oder Makulaturpapier werden Gespenster, Vampire und andere Monster gemalt und gewerkelt. Bemalte Luftballons in schrillen Farben werden mit Hilfe alter, ausgestopfter Klamotten (schwarz/weiß) an Fäden aufgehängt oder aufgestellt. Die Figuren kauern in einer Sitzecke, hocken auf einem Sessel oder hängen in einem Türrahmen.

Die Beleuchtung sämtlicher Räume ist entsprechend abgedunkelt. Entsprechende Geräusche, Lichteffekte und Verkleidungen der Teilnehmer steigern natürlich die Spannung. Spielimpulse können sein:

- In der Geisterkammer (Flur oder Vorraum) empfangen Bedienstete der Schlossbesitzer die Teilnehmer zum Gespensterschminken. Eventuell werden sie noch besonders verkleidet.
- Geisterführer, Expeditionsleiter bzw. Geisterhostessen führen die Teilnehmer einzeln oder in Kleingruppen durch das dunkle Schloss. Einzige Lichtquelle könnte eine Taschenlampe sein.
- Es gibt einen Festsaal der Vampire, in dem alle Teilnehmer zu schaurig-schöner Musik eine flotte Sohle aufs Parkett legen. Lieblingstanz der Vampire ist nach wie vor der Walzer »Wiener Blut«.
- Ein Riesenspinnennetz (aus Bindfäden und Gummibändern), an dem Glöckchen hängen, muss Hand an Hand überwunden werden. Auf keinen Fall dürfen sie läuten. Es würde unweigerlich zu einer gefährlichen Berührung mit Vampiren (entsprechend geschminkten Mitspielern) kommen.
- In der Alchimistenküche des Geisterschlosses werden dubiose Getränke gebraut und von einem »draculösen« Barkeeper serviert. Wie wär's mit einem »Maden-Mix« oder schleimigen, grün schimmernden »Schlangen-Shake«? Mineralwasser und Lebensmittelfarbe gehören deshalb in jede gute Gruselbar. Natürlich gibt's auch einiges zu essen, z.B. grüne Götterspeise, unter Geisterlaien als Wackelpeter bekannt.
- Der Fantasie der Planer und Akteure des Geisterhauses sind keine Grenzen gesetzt. Zu einem bestimmten Zeitpunkt – es muss nicht 24 Uhr sein – erlischt jegliches Licht: Geisterstunde! Jetzt könnte z.B. der »Ball der Geister« beginnen mit Musik, Tanz, Geisterspeisetafel und vielem mehr.

Spielintention: Verwirklichung origineller Ideen, Spaß, Spannung, lustvolles Miteinander.

Baby oder Kohlroulade?

Der Ursprung dieses pantomimischen Klassikers dürfte auf zahllose Wickelkurse an Mütterschulen zurückzuführen sein.

Etwa fünf bis sechs Spieler verlassen den Raum. In der Zwischenzeit einigen sich die anderen auf eine kurze pantomimische Handlung, z.B. das Wickeln eines Säuglings.

Einer der hinausgeschickten Spieler wird hereingeholt. Ein Mitspieler führt ihm die Handlung möglichst genau vor, mit dem Hinweis, dass er dem Nächsten, der hereingerufen wird, die Szene vorspielen soll. Über den Handlungsvorgang wird nicht gesprochen. Der nächste Spieler wird hereingeholt usw.

Die sich dabei verändernden Handlungsabläufe und Verwechslungen lösen stets allgemeine Heiterkeit aus, insbesondere, wenn der letzte Darsteller aus dem ursprünglichen Wickeln eines Säuglings ein Kohlrouladenwickeln macht.

Einige Anregungen:

- Fahrradschlauch flicken,
- Staubsauger auseinander bauen und wieder zusammensetzen,
- Kühe an die Melkmaschine anschließen,
- Reißverschluss einnähen,
- Elefanten waschen,
- aus Legosteinen ein Haus bauen,
- das Geländer einer Wendeltreppe streichen.

Spielintention: Ideen entwickeln und in Handlungen umsetzen, Spaß am Darstellen und Raten, genaues Beobachten und Wiedergeben, Situationskomik.

Pfifferlinge mit Klößen

Dieses »tiefenpsychologische« Spiel macht es möglich, sämtliche Eigenheiten und Charakterzüge der Mitspieler zu erkennen und zu diskutieren, ohne erst den Rat beim Arzt, Apotheker oder in der Verpackungsbeilage zu suchen. Warum jemand gerne Pfifferlinge mit Klößen isst, sich Erdnussbutter oder Leberwurst aufs Brot schmiert, wird erst durch dieses Spiel so richtig klar.

Um in die Geheimnisse des Spiels einzudringen, wird ein Mitspieler aus dem Raum geschickt. In seiner Abwesenheit überlegen sich die anderen, wer von ihnen erraten werden soll. Der hinausgeschickte Spieler wird wieder zur Gruppe gerufen und muss jetzt die Gruppe befragen, um die betreffende Person zu erraten. Er fragt z.B. welche Farbe, Blume, Interessen zu dem zu erratenden Spieler passen könnten, welches Leibgericht zu ihm passen würde oder auch welche Wurst er sich aufs Brot schmiert. Die Gruppe antwortet ihm, wobei sie das Augenmerk des Fragenden sicherlich besonders auf das Essen und die Wurstsortenauswahl des zu Erratenden lenken wird. Die »tiefenpsychologische« Kloß- und Wurstanalyse endet mit dem Erraten des Gruppenmitgliedes.

Spielintention: Originalität, Spaß, Spannung, Lust am Blödeln.

Klapperschlangenfang

Material: 2 Tücher, 2 mit Erbsen oder Steinchen gefüllte Joghurtbecher oder Dosen.

Das Spiel ist eine neuzeitliche Variante der »Blinden Kuh«. Zwei Spieler übernehmen die Rollen von Klapperschlangen. Beiden werden die Augen verbunden und jeder erhält eine Klapperdose. Jetzt wird den beiden gesagt, wer die Fängerschlange und wer die gejagte Schlange ist. Um sie etwas aus der Orientierung zu bringen, werden die Schlangen noch einige Male um sich herum gedreht. Dann bildet sich um die beiden Klapperschlangen ein Kreis von Spielern. Die Schlangenjagd beginnt. Die Fängerschlange beginnt zu klappern. Darauf muss die gejagte Schlange durch ein Klappern antworten und versuchen, sich dem Zugriff zu entziehen. Motto des Spiels: Es klappert die Klapperschlang, bis ihre Klapper schlapper klang.

Spielintention: Spielspaß, sich akustisch orientieren, Situationskomik.

Auch Rundschreiben sind eckig

Wem Nonsensgespräche und »höhere Blödeleien« besondere Freude bereiten, hat bei diesem Spiel genügend Möglichkeiten, verrückte Ideen zu produzieren und seine Schlagfertigkeit unter Beweis zu stellen.

Es können Rollen verteilt und Parteien gebildet werden. Es kommt aber auch vor, dass die Spieler sich ihre Rollen erst im Spiel suchen.

Hier einige spinnerte Themenvorschläge für lustige Nonsens-Runden:

– Auch Rundschreiben sind eckig.
– Was passiert, wenn das Fleisch willig, aber der Koch schwach ist?
– Schleswig-Holstein wird überdacht.
– Lieber Video als gar kein Deo.
– Wann kommt die Wiedervereinigung der Spalttablette?
– Brauchen wir Menschen mit Bildungshunger oder mit Wissensdurst?
– Wir fordern den Leibnitzkeks als Briefmarke.

Bestimmt fallen der Gruppe noch viele weitere »verrückte« Themen ein.

Spielintention: Redegewandtheit, Spaß am Wortspiel, Schlagfertigkeit, Humor, Situationskomik.

Sportminister

Material: Siehe Spielbeschreibung.

Zwei Spieler treten gegeneinander an. Jeder bekommt ein dickes Buch unter den linken Arm geklemmt, ein volles Glas Wasser, einen geschlossenen Regenschirm, ein Heft und einen Kugelschreiber in die Hand gedrückt. Nun gilt es: Den Regenschirm aufspannen, laut aus dem Buch vorlesen, Wasser austrinken, einen Satz in das Heft schreiben, den Regenschirm zuspannen und, ohne den Regenschirm loszulassen, eine »Kerze« machen. Die Aufgabenstellungen lassen sich beliebig erweitern.

Zum Schluss – die korrekte Durchführung aller Aufgaben vorausgesetzt – wird der schnellere Spieler zum Sportminister ernannt. Er hat seine Qualifikation auch ohne Parteibuch nachgewiesen.

Spielintention: Körperliche Geschicklichkeit, Spaß, Situationskomik.

Brain-Test für akademische Führungskräfte

Material: 1 Fremdwörterlexikon, vorbereitete »Testbögen« und Schreibzeug.

Können Sie das folgende Sprichwort vervollständigen? »Ohne Fleiß kein Prei…!« Ist erst diese Hürde genommen, so dürfte auch der Brain-Test zur Erlangung höchster Positionen keine Schwierigkeiten bereiten. Vor Spielbeginn haben wir eifrig im Fremdwörterlexi-

Einige Vorschläge: (Richtiges ist anzukreuzen!)

Sejunktion	**Vignette**	**Rondate**
☐ Entfernung des Auges	☐ Zierbildchen	☐ nasales Sekret
☐ Trennung	☐ Trinkerin	☐ spanischer Maler
☐ Verjüngungskur	☐ Kräutersauce	☐ Drehüberschlag
Diabolo	**Domina**	**Kauri**
☐ päpstliche Behörde	☐ Plural von Dom	☐ Porzellanschnecke
☐ Geschicklichkeitsspiel	☐ weihnachtliches Gebäck	☐ Gebirgsschaf
☐ Kunstrichtung	☐ Herrin	☐ mürrischer Mensch
Trident	**Découpage**	**Ingredienz**
☐ Haftpulver für Zähne	☐ franz. Bezeichnung für Brechreiz	☐ Unpässlichkeit
☐ Dreizack	☐ Drehbuch	☐ Hineinkommendes
☐ griech. dreileibiger Meeresgott	☐ unfachmännische Entfernung des Kehlkopfes	☐ hoher kirchlicher Würdenträger

kon geblättert und etwa 20–30 Wörter herausgesucht, die uns als Grundlage für einen Testbogen dienen. Sollte ein Teilnehmer alle Aufgaben richtig gelöst haben, so weist er nicht nur seine intellektuelle Kompetenz nach, sondern erhält auch noch eine kleine Prämie.

Genauso viel Spaß wie der Test selbst macht bereits dessen Vorbereitung, an der sich auch mehrere Mitspieler beteiligen können, die sich dann in zwei oder mehreren Gruppen gegenseitig testen können.

Spielintention: Spaß am Wortspiel, Fabulieren und Verändern.

Aufstand

Je zwei Spieler setzen sich für diesen harmlosen »Aufstand« Rücken an Rücken auf den Fußboden. Die Arme sind eingehakt. Wenn kein allzu starker Größenunterschied besteht, dürfte es nicht zu schwer sein, gemeinsam aufzustehen. Jetzt kommt ein Spieler hinzu und das Ganze wird zu dritt versucht. Immer mehr Spieler werden hinzugeholt – so viele wie möglich. Welcher Gruppe gelingt es, den Rekord im »Massenaufstand« aufzustellen?

Spielintention: Kooperation, Koordination, Gruppenerlebnis, körperliche Geschicklichkeit.

Stimmungen

Die Spieler stehen sich in zwei Reihen, jedoch Rücken an Rücken gegenüber. Auf Anweisung der Spielleitung versuchen sie, durch ihr Gesicht eine Stimmung auszudrücken (z.B. fröhlich, trotzig, wütend, übermütig, traurig, genervt). Auf ein Zeichen drehen sich alle Paare gleichzeitig herum und sehen so den Partner an.

Wer kann jetzt noch (und wie lange) die Stimmung halten?

Spielintention: Erleben mimischer Ausdrucksmöglichkeiten, Selbstbeherrschung, Spaß am Darstellen.

Vielharmonie I

Die falsche Schreibweise ist bezeichnend für das Orchester, um das es in diesem Spiel geht. Alle Teilnehmer ahmen völlig stumm, also nur durch Mimik und Bewegungen, verschiedene Musikinstrumente nach. Ein zuvor ausgewählter Dirigent bestimmt das Stück, das gespielt werden, soll und gibt den Takt an. Zuerst »spielt« das gesamte Orchester, dann – auf ein Zeichen des Dirigenten – Solisten auf ihren Instrumenten. Zum Schluss ertönen auf Veranlassung des Dirigenten alle Instrumente laut zu einem rauschenden Akkord. Dabei versucht jeder Musiker sein Instrument nach besten Kräften nachzuahmen.

Spielintention: Spaß an der Parodie, genaues Beobachten, Kooperation.

Philharmonie II

Ein besonderer Ohrenschmaus erwartet das Publikum in dieser Spielvariante, für die wir aus den Spielern mehrere Orchestergruppen zusammenstellen, die zu vorher festgelegter Diktion bestimmte Buchstaben sprechen, hauchen oder singen. Ein Dirigent leitet das Ganze und macht mit seinem Orchester zuvor Handzeichen für laut/leise und schnell/langsam ab.

Anregung:

Gruppe A singt a, o, u	(weit und klingend),
Gruppe B singt di, di, di	(gehaucht),
Gruppe C singt z, z, x	(zischend),
Gruppe D singt iii, uuu	(lang gezogen, gedehnt).

Das Zusammenspiel der Gruppe ergibt eine moderne Komposition.

Spielintention: Spaß am Spiel mit der Stimme, Improvisation, Gemeinschaftserlebnis, genaues Beobachten, Kooperation, deutliches Artikulieren.

Philharmonie III

Bei diesem Spiel stand das Schleswig-Holsteinische Musikfestival Pate. Alle Spieler sitzen im Kreis. Ein Freiwilliger verlässt den Raum. Die Gruppe macht sich einen Dirigenten aus, der im weiteren Verlauf den »Ton« angibt, d.h., der jetzt pantomimisch ein Instrument vorspielt, das alle anderen nachspielen.

Nun ist zu erraten, wer der Dirigent ist. Damit wir es dem Ratenden nicht zu einfach machen, sollten nicht alle den Dirigenten anschauen, sondern einfach geradeaus blicken. So funktioniert es auch recht gut.

Spielintention: Beobachtung, Bewegungskoordination, Spaß an der Pantomime.

Ritt auf der Kugel

Material: Je Teilnehmer ein großer Luftballon.

Was einst für Baron Münchhausen der Ritt auf der Kanonenkugel war, wird in unserem kleinen Spiel durch einen prall aufgeblasenen Luftballon dargestellt. Jeder Spieler erhält einen Ballon, den er sich zwischen die Beine klemmt. Und nun geht eine rasante Rallye los, die über kleine Hindernisse (z.B. Kisten, Stühle, unter Tischen hindurch) zu einer markierten Ziellinie führt. Das Spiel ist eine wahre Augenweide und amüsiert nicht nur Sportfans. Wer kommt heil mit seiner »Kanonenkugel« ins Ziel?

Spielintention: Spaß haben, motorisches Geschick beweisen.

Kugeltanz

Material: Luftballons, flotte Musik.

Eine Abart des texanischen Rodeoreitens wird durch diesen ungemein lebendigen »Kugeltanz« verkörpert, für den sich die Spieler ebenfalls einen Luftballon zwischen die Beine – besser gesagt zwischen die Oberschenkel – klemmen. In Paaren wird jetzt zu einer flotten Tanzmusik eine »heiße Sohle« aufs Parkett gelegt. Die besten und grazilsten Tänzer erhalten eine kleine Prämie.

Spielintention: Gaudi für Zuschauer und Akteure, Körperbeherrschung.

Auf den Schoß

Nach den zuletzt beschriebenen bewegungsintensiven Spielaktivitäten haben wir etwas Ruhe verdient und wollen deshalb eine wunderschöne Sitzkette von Lebewesen schaffen. Zuerst bilden wir einen Kreis und geben uns die Hände. Nun wird zusammengerückt, sodass die Spieler Schulter an Schulter stehen. Dann dreht sich jeder nach rechts und schaut auf den Rücken des Vordermannes. Alle Spieler setzen sich nun sanft auf die Knie des Mitspielers hinter sich. In dieser Position kann man sich mit seinem Vordermann unterhalten, gemeinsam ein Lied singen, »Stille Post« spielen, oder vielleicht gelingt es der Spielgruppe sogar, sich als Tausendfüßler langsam fortzubewegen. Das Spielende überlassen wir dem Zufall.

Spielintention: Lustiges Gruppenerlebnis, Kontakt zu den Mitspielern.

Aschenputtel

Material: Siehe Spielbeschreibung.

Da hat doch die böse Stiefmutter wieder einmal die schlimmen Finger im Spiel gehabt. In der Mitte des Tisches befindet sich ein kleiner Haufen gemischter Erbsen, Bohnen und Linsen. Jeder Mitspieler erhält ein Zündholz, mit dem er auf ein Zeichen eine bestimmte Anzahl von Erbsen, Bohnen, Linsen zu sich holt. Sieger ist, wer seine Häufchen zuerst gesammelt hat. Vielleicht erwartet ihn sogar ein Kuss von Aschenputtel, die zuvor unter den Spielern ausgelost wurde.

Spielintention: Manuelle Geschicklichkeit, Spaß.

Hochzeitsnacht und Jet-Pilot

Für diese Blödelspielform brauchen wir freiwillige Spieler, von denen wir wissen, dass sie sich auch selbst einmal »auf den Arm« nehmen.

Spiel 1: Hochzeitsnacht

Ein Spieler verlässt den Raum. Den anderen teilt die Spielleitung mit: »Wenn Karl-Heinz (Name des jeweiligen Mitspielers) wieder hereinkommt, ist alles, was er sagt, das, was er in seiner Hochzeitsnacht sagt.«
Karl-Heinz wird hereingeholt, ohne dass ihm etwas verraten wird. Er muss sich auf ein Bein stellen, und die Gruppe amüsiert sich, dass er immer noch nicht weiß, was los ist. Schon bald wird er irgendetwas von sich geben. Einzelne Mitspieler können ihm antworten und Fragen stellen, wie z.B. »Macht es Spaß?« – »Amüsierst du dich gut?« – »Kannst du noch?« – »Wie fühlst du dich?« usw. Da alles, was Karl-Heinz äußert, auf die Hochzeitsnacht bezogen wird, herrscht ausgelassene Heiterkeit in der Spielgruppe.

Spiel 2: Jet-Pilot

Noch so ein »böses« Blödelspiel. Ein freiwilliger Teilnehmer wird nach draußen gebeten. Dort sagt ihm die Spielleitung, dass er in einer Minute wieder hereingeholt werde und dann auf einem Stuhl für etwa 2–3 Minuten in die Rolle eines Flugkapitäns schlüpfen und die Cockpit-Instrumente bedienen soll. Dem Publikum wird jedoch gesagt, dass alle gezeigten Aktivitäten des Hereingerufenen auf dem Toilettensitz stattfinden. Der »vermeintliche Pilot« wird hereingerufen, nimmt auf dem Stuhl Platz und »startet durch«, das Publikum rast …

Spielintention: Alberne Augenblicke genießen, Spaß haben.

Schneewittchen und Co

Material: 5 vorbereitete Briefumschläge.

Dieses »märchenhafte« Spiel ist fast schon ein kleines Theaterstück für eine Person und bedarf der vorherigen Probe durch den Akteur. Vom Publikum lässt er sich einen von 5 Umschlägen ziehen und den Inhalt vorlesen, z.B. »Schneewittchen«. Das Publikum weiß nicht, dass sich in allen Briefumschlägen das gleiche, vorbereitete Spiel befindet.

Jetzt spielt unser Darsteller »Schneewittchen«, wobei er alle Rollen verkörpert. Hierzu gehört das schnelle Wechseln der Stimme, ebenso der Stellungs- und Ortswechsel, um z.B. die böse Königin, Schneewittchen, den Jäger und die 7 Zwerge zu spielen. Alles muss im Höchsttempo über die Bühne gehen. Das Publikum wird sich vor Lachen kaum halten können.

Als Themen eignen sich nahezu alle Märchen und klassischen Bühnenstücke.

Spielintention: Spaß an der Darstellung, sprachliche und körperliche Gewandtheit, spontanes Theater, Situationskomik.

Das Defizit-Spiel

Material: 1 Schachtel mit Perlen oder Streichhölzern.

Ein schönes Spiel für alle, die sich ständig benachteiligt fühlen. Jeder Spieler erhält fünf Perlen. Einer beginnt, indem er ein Defizit seines Lebens mitteilt, z.B.: »Ich war noch nie auf Mallorca.« Alle Spieler, die bereits einmal auf Mallorca waren, müssen dem Unglücklichen eine Perle abgeben. Das geht so weiter, bis einer alle Perlen gesammelt hat und somit der Gewinner »dank seiner vielen Defizite« ist. Das Defizit-Spiel kann auf drei Ebenen stattfinden. Die erste besteht im Herumblödeln: »Ich bin noch nie Schlittschuh gelaufen.« Die zweite Ebene ist schon etwas fortgeschrittener: »Ich habe noch nie in einem Kloster übernachtet.« Die dritte Ebene wendet sich an erwachsene Spieler und erfordert besondere Frechheit: »Ich habe noch nie mit der Frau unseres besten Bekannten geflirtet.« Auf dieser 3. Spielebene wird dann wohl auch am meisten geschwindelt.

Spielintention: Originelle Einfälle haben und äußern, Spaß haben an »höherer« Blödelei.

Bundeskanzler

Material: 1 Beutel Bonbons.

Naschkatzen beteiligen sich an diesem Spiel besonders gern. Die Teilnehmer sitzen um einen Tisch herum, auf dessen Mitte ein Häufchen Bonbons liegt, um eines weniger, als Spieler vorhanden sind. Die Spielleitung erzählt eine Geschichte, in der oft das Wort »Bundeskanzler« vorkommt. Beim Wort »Bundeskanzler« müssen alle Hände, die sich während des Erzählens unter der Tischplatte befinden, sofort nach den Bonbons greifen, ein Spieler immer nach einem Bonbon. Wer zu langsam war bzw. nicht aufgepasst hat, muss weitererzählen. Während des Erzählens heißt es, gut aufzupassen, denn da wird zwar von »Bundespresseamt«, »Bundeskanzleramt«, »Bundesadler«, »Bundesverkehrsminister«, »Bundesbahn« und Ähnlichem gesprochen, wer jedoch zugreift, ohne dass vom »Bundeskanzler« gesprochen wurde, gibt ein Pfand ab. Also: ein Geben und Nehmen. Wie im richtigen Leben.

Spielintention: Erzählfreude, Improvisation, Redegewandtheit.

Vertrottelungsspiel

Einige Spieler verlassen den Raum. Sobald sie wieder hereingeholt werden, sollen sie ein Tier darstellen – und zwar durch Bewegungen und entsprechende Tierlaute.

Wenn sie vor der Tür sind, verrät die Spielleitung den anderen den Trick: Die Mitspieler können alle möglichen Tiernamen nennen, nur den Namen des Tieres nicht, das der Hereingeholte darstellen will. Stellt er z.B. ein Känguru dar, dann dürfen die Mitspieler alles Mögliche »raten«, eben nur nicht das Wort »Känguru«.

Der Lacheffekt wird umso größer, je mehr der Darsteller sich bemüht, sein Tier noch deutlicher zu imitieren.

Spielintention: Spaß am Blödeln, Darstellungsfähigkeit.

Dicke Lippe riskieren

Für diese schöne Blödelei drücken wir die Zungenspitze vor die unteren Schneidezähne gegen die Unterlippe, sodass der Kiefer sich auswölbt. Nun ist zu einem beliebigen Thema ein möglichst lebhaftes Gespräch zu führen. Ausschließliches Ziel ist, alle Mitspieler und Zuhöhrer zum Lachen zu bringen, was in der Regel recht schnell gelingt.

Spielintention: Jux, Spaß haben, lachen.

Gemälde

Material: 1 leerer Bilderrahmen.

Das Lächeln der Mona Lisa ist bei diesem Spiel nicht unbedingt erwünscht, denn es geht ums »Ernstbleiben«. Reihum hält sich jeder Spieler einen leeren Bilderrahmen vors Gesicht. So sehr die anderen auch versuchen, durch Blödeleien und Zurufe das Porträt zum Lachen zu bringen, muss es doch gelingen, eine Minute ohne Grinsen oder Lachen zu überstehen.

Spielintention: Selbstbeherrschung, Spaß am Blödeln.

Menü von Hand zu Hand

Material: Tuch, Schüssel mit originellen Utensilien (siehe Spielbeschreibung).

Aus der Reihe der »Gourmet«-Spiele stammt dieses lustige Tastkim, für das sich die Teilnehmer um einen (größeren) Tisch setzen. Die Spielleitung tritt als Drei-Sterne-Koch auf, der unter einer verdeckten Schüssel das »Menü« serviert, von dem er jetzt ein Stück nach dem anderen unter dem Tisch von Hand zu Hand weiterreichen lässt. Niemand darf in dieser feinen Tafelrunde etwas davon fallen lassen oder womöglich quieken und schreien. Das Menü besteht nämlich aus recht kuriosen Gängen, wie z.b. einer Klette oder Distelfrucht, einem nassen Schwamm, einem mit Wasser oder Sand gefüllten Plastikhandschuh, einem weichen Lehmklumpen, kleinen Eisstücken, einer heißen Kartoffel, Holzwolle, Watte und anderem mehr. Das Vergnügen an diesem Erlebnis-Menü hängt wesentlich von der gekonnten Zusammenstellung der Zutaten durch den Koch ab.

Spielintention: Tasten, fühlen, Sensibilisierung, Gemeinschaftserlebnis.

Folterball

Material: 1 großer Ball.

Etwas für durchtrainierte, wirklich sportliche Spieler. Nachdem zwei gleich starke Gruppen von je 3 Aktiven gewählt wurden, verbinden wir die Arme der Spieler mit deren Unterschenkeln. In der so entstandenen Bückhaltung wird dann der Ball nach altbekanntem Muster im Kampf gegen die andere Mannschaft in Richtung irgendeines Zieles bewegt. Es gilt also, wilde Mannschaften zu wählen, Ziele zu suchen, die Sportler zusammenzuschnüren und draufloszuspielen.

Spielintention: Körperliche Beweglichkeit, Kraft, Ausdauer, Gaudi.

Bankbesucher

Material: 4 Stühle oder 1 Bank.

Um es gleich zu sagen: Mit Zinsen hat dieses Spiel nichts zu tun, da es sich um eine Parkbank dreht. Sofern gerade keine zur Verfügung steht, stellen wir ersatzweise 4 Stühle nebeneinander auf. Nacheinander kommen jetzt bestimmte Figuren zur Bank und nehmen dort für kurze Zeit Platz. Immer wenn ein dritter Mitspieler dazukommt, muss sich der Erste entfernen. Es sollen also stets nur 2 Personen an bzw. auf der Parkbank spielen. Jeder Spieler sucht sich seine Figur selbst aus (z.B. Jogger, Nonne, alte Dame mit Hund, Botaniker, gesuchter Gangster, bekannter Politiker, Prostituierte …).

Spielintention: Spontanes Spiel, Spaß am Darstellen, Situationskomik.

Klamotten-Kim

Alle Mitspieler sitzen in einem abgedunkelten Raum. Wenn die Spielleitung das Licht für eine Minute ausschaltet, verändern alle etwas an ihrer Kleidung. Wie und was verändert wird, ob eine Socke ausgezogen, der Schal um das Fußgelenk gebunden oder die Bluse verkehrt herum angezogen wird, bleibt jedem selbst überlassen. Bei wem entdecken wir die meisten bzw. verrücktesten Veränderungen?

Spielintention: Spontane Einfälle umsetzen, Originalität, Beobachtungs- und Wahrnehmungsfähigkeit üben.

U-Boot

Material: 1 Glas Wasser.

Ein freches Blödelspiel, das in Karl-Lothar Buchheims Buch »Das Boot« seinen realen Hintergrund findet.

Die Spielleitung fragt, wer einmal den Kapitän (möglichst keine Spielerin mit frischer Dauerwelle aussuchen) und wer den Steuermann eines U-Bootes spielen möchte. Ein Dritter holt, ohne dass die beiden anderen davon erfahren, ein Glas Wasser.

Der Kapitän erteilt dem Steuermann Befehle und sagt z.B.: »Anker lichten! Volle Fahrt voraus!« – Der Steuermann berichtet, was er vor sich auf dem Meer beobachtet. Er sagt z.B.: »Feindliches Schiff direkt vor uns!« Irgendwann wird der Kapitän den Befehl geben: »Sofort tauchen!« In diesem Augenblick gießt ihm von hinten ein Mitspieler das Wasser über den Kopf. Dem »nassen Kapitän«, über den die ganze Runde lacht, wird erklärt, dass er vergessen hatte, zuerst den Befehl »Schließt die Luken!« zu geben.

Spielintention: Gaudi.

Alles durcheinander

Wer dieses Gespräch übersteht, ohne schizophrene Anwandlungen zu bekommen, ist legitimiert, künftig an allen Talkshows deutscher Fernsehsender teilzunehmen.

Zwei Spieler sitzen sich auf Stühlen gegenüber. Ein weiterer Spieler steht jeweils hinter einem Stuhl. Der Spieler hinter dem Stuhl stellt jeweils Fragen an den ihm Gegenübersitzenden. Der Sitzende macht skurrile und verdrehte Bewegungen. Der Gegenübersitzende muss nun gleichzeitig die Fragen sinnvoll und seriös beantworten, während er gleichzeitig die Bewegungen nachahmt.

Spielintention: Genaues Zuhören und Beobachten, Koordination, Konzentration, Spaß am »gehobenen« Blödeln.

Macke

Die meisten Menschen – selbstverständlich außer uns – haben eine Macke. Diese herauszufinden, ist vornehmlich Aufgabe unseres Spiels. Ein Mitspieler verlässt den Raum. Die anderen überlegen sich irgendeine Macke. Der Hinausgeschickte soll nachher den Spielern der Reihe nach Fragen stellen. Die Gruppe vereinbart z.B. als Macke, dass immer ein Spieler für den Nachbarn antwortet. Der erste Gefragte müsste demnach vielleicht nur mit einem Schulterzucken antworten. Der Hinausgeschickte wird hereingerufen und soll nun durch Befragung die Macke seiner Mitspieler ermitteln.

Die Spieler können sich auch auf »sichtbare« Macken einigen, indem sie z.B. beim Sprechen mit den Augen blinzeln, mit dem Mundwinkel zucken, sich traurig/depressiv, euphorisch oder nervös geben. Mancher Rater braucht mehrere Runden, um die richtige »Diagnose« zu stellen.

Spielintention: Spaß am Parodieren, genaue Wahrnehmung und Beobachtung, Freude am Ratespiel.

Lösche aus mein Licht …

Material: Kerzen, Streichhölzer, Wasser, Einwegspritze, Plastikfolie.

»… aber nur meine liebe Laterne nicht.« So beginnt ein altbekanntes Kinderlied, dessen Hochkonjunktur die Herbstzeit ist. Unser gleichnamiges Spiel lässt sich jedoch zu jeder Jahreszeit, insbesondere auch an Weihnachten spielen. Es geht ganz einfach: Wem gelingt es, aus einer bestimmten Entfernung eine Kerze mit einer Wasserspritzenfüllung auszulöschen, bzw. wer hat nach dem Löschen noch das meiste Wasser in der Spritze. Um den Boden zu schonen, empfiehlt es sich, eine Folie auf den Boden zu legen. Die besten »Löscher« werden für die Ehrenmitgliedschaft bei der örtlichen Freiwilligen Feuerwehr vorgeschlagen.

Spielintention: Gaudi, Feinmotorik, Treffsicherheit.

Drei Bürospiele

Material: Siehe Spielbeschreibungen.

Zur Gruppe der »Bürospiele« gehören alle Spielformen, die mit dem am Arbeitsplatz vorhandenen Material gespielt werden können. Dies kann allein oder mit mehreren zusammen geschehen. Zudem kommt es zum unmittelbaren Verschmelzen von Arbeit und Spiel, wenn das Material nach dem Spiel wieder seiner eigentlichen Verwendung zugeführt wird.
Also, frei nach dem Motto »Kann denn spielen Sünde sein?« hier drei »Bürospiele«:

Ums blaue Band

Entsprechend der Spielerzahl falten wir Schiffchen aus Papier. An jedes Schiff wird eine Paketschnur von 2 Metern Länge gebunden. Die Schiffe beladen wir mit Büroklammern, einem kleinen Radiergummi u.Ä. Das Ende der Schnur wird mit einem Knoten am Bleistift befestigt.

Die Schiffe werden auf dem Fußboden oder am (Schreib-)Tischende aufgestellt. Auf ein Kommando gilt dann für jeden Spieler, so schnell wie möglich die Schnur auf seinen Bleistift zu wickeln. Schließlich geht es um das »Blaue Band«.

Büroklammer-Golf

Eine Büroklammer hat man stets zur Hand. Wir biegen sie zu einem kleinen Golfschläger, formen kleine Papierkügelchen zu Golfbällchen und bauen aus Kugelschreibern, Radiergummis, Klebeabrollern, Disketten und anderem greifbaren Material kleine Hindernisse und Bahnen. Als Solospiel ebenso schön wie als Wettspiel zu zweit.

Filzer-Surfen

Man legt auf dem (Schreib-)Tisch eine Windsurf-Rennstrecke von etwa zwei Metern fest und gibt jedem der (2–4) Mitspieler einen Filzstift. Nach dem Startsignal versuchen alle, ihren Filzer möglichst schnell von der gekennzeichneten Startlinie zur Ziellinie zu pusten. Der Filzstift darf nicht angefasst, sondern nur durch Pusten vorwärts bewegt werden.

Spielintention: Spaß, Entspannung, Kommunikationsbrücke.

Schneckenradrennen

Material: 2 Fahrräder, Stoppuhr, Kreide bzw. Klebeband.

Die Spielgruppe wird für dieses »raaasaaante« Rennen in Wettpaare aufgeteilt. Jeder Teilnehmer sitzt auf einem Rad und muss eine 10–12 Meter lange Strecke zurücklegen. Einzelsieger ist am Ende, wer am meisten Zeit für die Strecke benötigt hat, ohne vom Rad abzusteigen.

Spielintention: Körperbeherrschung, Gleichgewichtssinn, Spaß.

Denken, Dichten, Reimen, Parodieren und Erfinden: Spiele mit Schreibzeug und Papier

Die frechen Spiele der folgenden Seite sind von hohem Erlebniswert. Sie regen durch ihre Aufgabenstellung zum selbstschöpferischen Tun und zum intensiven Experimentieren mit sprachlichen und bildnerischen Ausdrucksmöglichkeiten an (z.B. beim Reimen, Parodieren, Fabulieren, Verfremden und Zeichnen). Durch das Gruppenerlebnis beim gemeinsamen Gestalten steigern sich Lust und Freude am Geschaffenen. Die Spiele regen Wahrnehmungen und Empfindungen, Gedanken und Gefühle an und ermöglichen den Teilnehmern so eine sinnliche, nachdenkliche, aber auch satirische Auseinandersetzung mit der Umwelt.

Wer Spaß am Wortspiel, am Fabulieren, schriftlichen und bildlichen Verfremden hat, wer Überraschungseffekte und Situationskomik liebt und gerne Ideen spontan umsetzt, wird an diesen frechen Spielangeboten besonderen Gefallen finden.

Für die Teilnahme werden weder besondere literarische Qualitäten, noch künstlerische Fertigkeiten abverlangt. Sind sie jedoch – in welcher Ausprägung auch immer – vorhanden, umso besser.

Dass auch große Schriftsteller hin und wieder mit einem Vakuum zu kämpfen haben, hat Kurt Tucholsky sehr schön belegt. Der Text mag den Spielern als Ermutigung dienen, die sich gleich zu Beginn unter einen zu hohen Erfolgszwang setzen und dadurch womöglich um einen besonderen Genuss bringen:

»*Ich will den Gänsekiel in die schwarze Flut tauchen. Ich will einen Roman schreiben. Schöne wahre Menschen sollen auf den Höhen des Lebens wandeln, auf ihrem offenen Antlitz soll sich die Freiheit widerspiegeln ... Nein. Ich will ein lyrisches Gedicht schreiben. Meine Seele werde ich auf sammetgrünem Flanell betten, und meine Sorgen werden kreischend von dannen ziehen ...*

Nein. Ich will eine Ballade schreiben. Der Held soll auf blumiger Au mit den Riesen kämpfen, und wenn die Strahlen des Mondes auf seine schöne Prinzessin fallen, dann …
Ich will den Gänsekiel in die schwarze Flut tauchen. Ich werde meinem Onkel schreiben, dass ich Geld brauche.«
(Aus: K. Tucholsky: Vorsätze [S. 18, 20–26] Reinbek 1960)

Beginnen wir sogleich mit einem »literarischen« Spiel, dessen unfreiwillige »Erfinder« zwei im deutschen Parteienspektrum zu findende Politiker sind …

Spielangebote

Petitesse und Kakophonie

Material: Papier, Schreibzeug, Duden bzw. Fremdwörterbuch.

Spätestens seit ein ehemals populärer deutscher Politiker seine Lügen mit dem Wort »Petitesse« herunterzuspielen versuchte und ein anderer ebenso bekannter Politiker mit dem Wort »Kakophonie« nicht etwa eine Durchfallerkrankung meinte, sondern »Missklänge« in der Politik beschrieb, verspüren wir immer mehr den Reiz am Ratespiel mit Fremdwörtern.

Ein Mitspieler sucht aus dem Fremdwörterlexikon ein möglichst exotisch und absonderlich wirkendes Fremdwort heraus und gibt dieses der Spielrunde bekannt. Die übrigen Teilnehmer schreiben auf ihre Blätter, welche Bedeutung der Begriff ihrer Meinung nach hat. Die Ergebnisse sind in der Regel recht amüsant.

Wer kann sich schon etwas vorstellen unter Wörtern wie: Adynamandrie, Auskultator, Coleopter, Dekrement, Frittate, Guttural, Homograf, Litigant, Presbyakusis, Rokambole, Tautazismus, Xenokratie, Zynegetik …

Besonderen Spaß bringt es auch, Pseudoübersetzungen und Verballhornungen der Fremdwörter vorzunehmen. Der eine übersetzt »Pissoir« z.B. mit »Guten Abend«, während ein anderer Spieler unter »Präservativ« einen »Vorzeigepolitiker« versteht.

Spielintention: Spaß am Wortspiel, Kreativität, Fantasie, Ideen entwickeln, Spannung beim Entschlüsseln der gesuchten Ratewörter, Wortschatzerweiterung.

Love-Letters

Material: Papier und Schreibzeug.

Auf ungewöhnliche Art und Weise kann man bei diesem Spiel seinem Traummann oder seiner Traumfrau eine Botschaft zukommen lassen. Jeder Teilnehmer hat vor sich Papier und Schreiber liegen. Das Licht wird ausgeschaltet und im Dunkeln schreibt jeder einen möglichst romantischen Liebesbrief. Wer kann ihn, wenn das Licht wieder an ist, entziffern?

Spielintention: Spaß am Fabulieren, Überraschungseffekt.

Stichwort-Poeten

Material: Papier und Schreibzeug, 1 Zeitung.

Jeder Spieler schreibt auf sein Blatt ein beliebiges Hauptwort und liest es vor. Alle anderen schreiben die Wörter der übrigen Mitspieler zu ihrem Wort dazu. Ist das geschehen, darf »gedichtet« werden, d.h., jeder soll in möglichst kurzen, einfachen Sätzen eine möglichst lustige Geschichte niederschreiben. Besonders geschickten »Poeten« wird es sogar gelingen, daraus ein Gedicht zu reimen. Verbindende und ausschmückende Wörter – jedoch keine Hauptwörter – können beliebig dazugenommen werden.

Variation: Ein Spieler schließt die Augen und spießt mit einem Bleistift in einer bereitgelegten Zeitung acht bis zehn Wörter auf. Alle Anwesenden schreiben sich diese Wörter auf und erfinden in etwa fünf Minuten eine Geschichte, in der diese Wörter vorkommen. Die Ergebnisse werden zur Erbauung aller vorgelesen.

Spielintention: Spaß am Fabulieren, Überraschungseffekt, Fantasie entwickeln.

Knickfiguren

Material: Zeichenpapier, Filzstifte.

Wer Spaß an bildlicher Verfremdung hat, dem wird dieses Spiel besonders gefallen. Jeder Teilnehmer bekommt ein Zeichenpapier, das er mit einer beliebigen Figur (Polizist, Schornsteinfeger, Clown, Koch u.Ä.) bemalen soll.

Das Bemalen läuft in 5 Teilschritten ab:

1. Alle malen eine Kopfbedeckung
2. Gesicht mit Hals
3. Brust bis zur Gürtellinie
4. Bauch bis zum Knie
5. Beine mit Füßen

Nach jedem Malschritt knicken wir das Blatt nach hinten und geben es an den Nachbarn weiter. Am Ende sind alle überrascht, welch urige Figuren entstanden sind.

Spielintention: Überraschungseffekt, Spaß am bildlichen Verfremden.

Lebenshilfe via Zeitschrift

Material: Kleine Zettel (möglichst in 2 Farben), Schreibzeug.

In fast jeder Zeitschrift findet sich eine Rubrik für Ratsuchende. Die Leser erhalten dann auf ihre Anfragen eine mehr oder minder befriedigende Antwort.

An diesem Spiel um originelle Fragen und Antworten haben alle ihre wahre Freude.

In der ersten Spielphase suchen alle Rat (mehrere Fragen sind erlaubt) z.B. »Was kann ich gegen meine furchtbare Eifersucht machen?«, »Ich habe ständig Schluckauf. Bitte helfen Sie mir«, »Auf meinem Dachboden sind Fledermäuse. Ich fürchte mich so. Was soll ich machen?«

Die Fragen werden laut vorgelesen.

In der zweiten Spielphase schreibt jeder Spieler einen entsprechenden Ratschlag auf (z.b. »Lassen Sie sich zur Ehe- und Familientherapeutin ausbilden. So stehen Sie über den Dingen.« – »Probieren Sie es einmal mit einer Sauerkraut-Hefe-Rohmilch-Kur.« – »Haben Sie es schon mit klassischer Musik versucht? Stellen Sie einen CD-Player auf Ihrem Boden auf und installieren Sie daneben eine Mäusefalle.«). Die Fragen und Ratschläge werden auf getrennte Zettel (z.b. rot/gelb) geschrieben. Nach dem Mischen ergeben sich völlig neue und skurrile Kombinationen.

Spielintention: Fantasie, Originalität, Spannung, Spaß und Zufallskomik.

Aküsprache

Material: Papier und Schreibzeug.

In unserem Alltagsleben ist die Zahl der Abkürzungen (Aküsprache) unüberschaubar geworden und nicht immer aufzuschlüsseln. Bei diesem Spiel geht es um eine Verballhornung, d.h. lustige, möglichst originelle Neuerklärung von Abkürzungen.

Alle Spieler nennen Abkürzungen, die jeder Einzelne nacheinander aufschreibt. In einer zweiten Runde, die etwa 5 Minuten dauert, soll jeder möglichst ausgefallene Interpretationen für die notierten Abkürzungen finden, die anschließend zur vergnüglichen Erbauung aller vorgelesen werden.

Beispiele: EWG = Es wird grausam
UNO = Unentschlossene Not-Organisation
EDV = Ende der Vernunft
FKK = Frische knackige Kürbiskerne
VW = Verfehlte Wirtschaftspolitik

Spielintention: Originalität, Freude am Wortspiel.

Mein zweites Leben

Material: Papier und Schreibzeug.

Ein nachdenkliches Spiel für etwas ältere Teilnehmer und zugleich ein besinnliches für die Jüngeren.

Wer andauernd nur schindet, das Leben von der verbissenen Seite her empfindet und Karrieren nachrennt, vergisst, dass es viele wunderschöne Dinge auf dieser Welt gibt. Eines Tages, meist wenn die Lebensmitte überschritten wurde, fragt man sich, was man wohl besser machen könnte. Ein Zitat Samuel Buttlers bringt es auf den Punkt: »Alle Lebewesen außer den Menschen wissen, dass der Hauptzweck des Lebens darin besteht, es zu genießen.«

Zum Spielverlauf: Jeder Teilnehmer hat vor sich Papier und Schreibzeug liegen. Ausgehend von der Überlegung »Wenn ich noch einmal leben könnte …« schreibt jeder seine Wünsche, Visionen und persönlichen Verhaltensänderungen auf. Nach einer gewissen Zeit – vielleicht 10–15 Minuten – werden die Aussagen vorgelesen und gemeinsam besprochen.

Vielleicht möchte der eine in seinem zweiten Leben verrückter oder waghalsiger sein, ein anderer würde sich mehr entspannen wollen und ein weiterer lieber mehr aktuelle als eingebildete Probleme haben. Da allen Teilnehmern dieses Spiels jedoch definitiv nur ein Leben zur Verfügung steht (der Gegenbeweis fehlt bisher!), bietet sich allen die Möglichkeit, bestimmte Verhaltenswünsche sofort umzusetzen und damit nicht länger zu warten.

Spielintention: Bewusstmachung der eigenen Lebenssituation, Reflexion, Denkansätze zur eigenen Verhaltensänderung.

In fremder Haut

Material: Schreibzeug und Papier.

Ein interessantes Spiel für eine bunt zusammengewürfelte Gruppe, die sich schon besser kennt. Jeder Mitspieler schreibt auf einen Zettel seinen vollen Namen, faltet das Papier zusammen und legt es in einen in der Mitte des Tisches stehenden Korb (oder Schüssel o. Ä.).

Die Zettel werden von der Spielleitung gut gemischt und an die Spieler verteilt. Wer seinen eigenen Zettel zieht, legt ihn wieder in das Gefäß zurück. Jeder Spieler soll nun etwas über sein zweites »Ich«, dessen Name auf dem Zettel steht, aufschreiben und anschließend erzählen. Er soll von den Angewohnheiten, Eigenheiten, Wesensmerkmalen sprechen, und zwar in der Ichform. Vielleicht gelingt es einem guten »Psychologen« sogar, sich in die Gefühlswelt seines zweiten Ichs zu versetzen und über dessen Wünsche, Sehnsüchte und Enttäuschungen zu berichten.

Spielintention: Wahrnehmung und Beobachtung, Sensibilität, Einfühlungsvermögen, Fremd- und Selbsteinschätzung.

Lim-Lim-Limericks

Material: Papier und Schreibzeug.

An »Limericks« zu tüfteln kann sehr ansteckend sein. Wenn man einmal in einer kleinen Gruppe mit solchen Wortspielereien anfängt, nimmt das Basteln von hintersinnigen Versen so bald kein Ende.

Bei einem Limerick handelt es sich um eine Gedichtform, die äußerlich durch fünf Zeilen gekennzeichnet ist. Das Reimschema lautet dabei aa – bb – a. Die beiden ersten Zeilen und die letzte haben den gleichen Reim. Die dritte und die vierte Zeile sind in der Regel kurz. Die muntere Versbastelei ist somit an eine strenge Form gebunden. Hinzu kommt, dass das erste der drei Reimwörter stets eine Stadt, ein Land oder eine geografische Bestimmung sein muss. Zum Limerick gehört also ein Ortsname, auf den sich die zweite und die fünfte Zeile reimen muss.
Einige Beispiele:

> *Ein altes Fräulein in Ziehten,*
> *liebte einst einen Jesuiten.*
> *Das Dumme war nur,*
> *er war furchtbar stur*
> *und hatte auch nichts zu bieten.*

Es wirkt ein Lektor in Weinheim,
dem fällt so manches Thema ein.
Und mit etwas Glück,
Verstand und Geschick
holt er so dem Verlag viel Geld rein.

Es lebte ein Muttchen in Plauen,
das erwischte man beim Butterklauen.
Sie musste sitzen,
in Einzelhaft schwitzen
und auf die schmelzende Butter schauen.

Es schluckte ein Rentner in Laubach,
für sein Leben gern ein Glas Scharlach.
Doch je mehr er trank,
gab's mit Nachbarn Gezank,
jetzt zieht er um nach Bad Schwalbach.   (Peter Thiesen)

Spielintention: Sprach- und Reimgefühl, Fantasie, Spaß am Wortspiel, originelle Ideen umsetzen.

Warum …, weil …

Material: Papier und Schreibzeug.

Recht amüsant ist das Endergebnis dieses kleinen Schreibspiels, bei dem jeder Teilnehmer einen Satz auf ein Papierblatt schreibt, der mit »Warum« anfängt. Dann wird das beschriebene Blatt um Daumesbreite nach hinten umgefaltet und an den linken Nachbarn weitergegeben, der eine mit »weil« beginnende Antwort darunter setzt – natürlich ohne die Frage zu kennen. Bevor er das Blatt weiterreicht, schreibt er einen neuen »Warum«-Satz auf das Papier …

Ein Beispiel aus der Praxis:

»Warum laufen den Volksparteien die Wähler davon?«
»Weil es übermorgen bestimmt wieder regnen wird.«

Spielintention: Spaß am Verfremden, Überraschungseffekt.

Mit Bausch und Bogen

Material: Papier und Schreibzeug.

»Bausch und Bogen«, »Himmel und Hölle«, »Mann und Maus« sind Stabreime (gleicher Anlaut der betonten Silben aufeinander folgender Wörter).

Innerhalb von 5–10 Minuten sollen möglichst viele Stabreime aufgeschrieben werden. Es können Punkte für jeden verteilt werden, wobei die Mitspieler zusätzlich Punkte für Stabreime erhalten, die kein anderer gefunden hat.

Weitere Beispiele: Wind und Wetter, Samt und Seide, Kind und Kegel, Kimme und Korn, Haus und Hof.

Spielintention: Sprachgefühl.

Merkwürdige Diagnosen

Material: Schreibpapier und Stifte.

Ähnlich wie beim vorangegangenen »Warum … weil«-Spiel, erhält jeder Spieler ein DIN-A-4-Blatt, das er nach jeder beschrifteten Zeile nach hinten knickt und dann dem linken Nachbarn weitergibt. In die ersten Zeile schreibt jeder eine erdachte Krankheit (z.B. Blähsucht). Dann folgen der Reihe nach

– die Anzeichen und Symptome,
– ein bis zwei Behandlungsvorschläge,
– die voraussichtliche Heilungsdauer.

Ab fünf Mitspielern werden diese Reihen je zwei- oder dreimal ausgefüllt.

Spielintention: Ideen äußern, Spaß am Verfremden, Überraschungseffekt beim Vorlesen.

Klub der lebendigen Dichter

Material: Reichlich Papier und Schreibzeug.

Im Lande großer Dichter und Denker schlummern viele Talente, die nur des Anstoßes bedürfen, um lustvoll mit der Sprache zu spielen, also auch zu reimen. Es ist den Teilnehmern völlig freigestellt, ob die Endergebnisse einen lustigen, unsinnigen oder gar ernsten Charakter haben sollen. Überwiegen dürfte im Spiel jedoch das komische Element. Spielimpulse können sein:

1. Jeder »Dichter« erhält die Aufgabe, innerhalb einer festgesetzten Zeit einen Zwei- oder Vierzeiler zu verfassen.
2. Zwei bis drei Mitspieler schließen sich zu einem Dichterteam zusammen. Die Spielleitung nennt die für alle verbindlichen Reimwörter. Welches Team entwickelt daraus das lustigste Gedicht?
3. Wem fallen zu bestimmten Stichworten originelle Nonsenssprüche ein? Beispiele:
   Video … »Lieber Video als gar kein Deo.«
   Computer … »Stecker raus, Computer aus!«
   Tango … »Abends Tango, morgens Fango.«
4. Jeweils ein Mitspieler entwickelt einen Vers auf die vorgegebene Zeile eines Mitspielers.
5. Die Spielleitung gibt die erste Zeile eines Vierzeilers. Die restlichen drei Zeilen werden nun von jedem Mitspieler selbstständig verfasst.
6. Zu einem vorgegebenen Thema (z.B. Umwelt, Erziehung, Männer, Frauen, Ehrgeiz usw.) verfassen die Teilnehmer allein oder in 2er-Gruppen ein Gedicht.

Bei allen Spielvarianten kommt es zum Schluss zur Freude aller zur großen Dichterlesung.

Spielintention: Ideen umsetzen, Reime, Parodieren, Problematisierung, Originalität, Witz, Spaß am Wortspiel.

Zündende Werbeideen

Material: 1 Stapel Werbeanzeigen aus Illustrierten, Scheren, Kleber, Schreibpapier, Filzer, Tonpapierbogen.

Die Werbung hat bekanntlich das Ziel, Bedürfnisse bei uns zu wecken, bestimmte Produkte »schmackhaft« zu machen, ohne die unser Leben scheinbar nur halb so schön wäre.

Für unser Spiel haben wir bunte Werbeanzeigen ausgeschnitten. Um die Fantasie der Spieler nicht zu beeinträchtigen, wurden die Namen der Produkte vorher überklebt oder mit Deckweiß überpinselt.

Die Spielgruppe wird jetzt in mehrere Kleingruppen aufgeteilt. Jede erhält gleich viele Anzeigen, große Papierbogen, Filzschreiber und Klebstoff. Aufgabe jeder »Werbeagentur« ist es, für bereits bestehende Produkte, die noch keine Markenbezeichnung haben, Anzeigenentwürfe zu erstellen. Natürlich können diese völlig anders lauten als alles, was bisher bereits von der »Konkurrenz« angeboten wird.

Variation: Die Kleingruppen entwerfen für ein neu zu verkaufendes Mineralwasser eine zugkräftige Werbekampagne (Produktname, Verkaufsslogan, Entwurf für das Etikett …).

Oder: Je zwei Spieler fertigen aus Illustriertenbildern und Werbetiteln eine Collage zum Thema Werbung (Parodie).

Spielintention: Originelle Ideen entwickeln und umsetzen, kritische Auseinandersetzung mit dem Thema »Werbung«.

Drei-Sterne-Menüs

Material: Papier und Schreibzeug.

Bei diesem Spiel können sich dichtende Gourmets so richtig ausleben, wenn auch nur »literarisch«. Jeder Spieler erhält Papier und Schreibzeug. Es soll für ein extravagantes Drei-Sterne-Restaurant eine Speisekarte erstellt werden. Dabei sind der Fantasie des einzelnen »Küchenchefs« keinerlei Grenzen gesetzt. Je verrückter, desto besser. Nach einer festgelegten Zeit werden die Gerichte, die nicht unbedingt »genießbar« sein müssen, zur »akustischen Gaumenfreude« aller in der Runde festgestellt.

Im Zeitalter des Fastfood kann auf der Edelspeisekarte durchaus ein extravaganter »Cheeseburger« (aus dem Land des Lächelns) stehen, der mit Dinosaurierknorpeln angereichert wurde, um so einen schmackhaften Gegensatz zum bissweichen Brötchen in Reiseweckergröße zu bilden. Statt der Erstellung einer Speisekarte bietet sich auch an, die Zubereitung eines einzigen Gerichtes ausführlich zu beschreiben. Übrigens: Schaschlik ist immer spießig und Kaviar macht rogenabhängig.

Spielintention: Originelle Ideen mitteilen, Fantasie, Witz, Spaß an der Parodie deutscher Kochkünstler.

Ein Blick in die Sterne

Material: Horoskope aus Zeitungen und Illustrierten, Papier, Schreibzeug.

Irgendjemand soll einmal gesagt haben: »Wer an sein Horoskop glaubt, meint für das, was er tut, nicht verantwortlich zu sein.« So werden dann auch der Tag oder die ganze Woche der Vorhersage entsprechend geplant. Wir sind natürlich viel kritischer und glauben unserem Horoskop nur, wenn es positiv für uns ausfällt … Horoskope sind ein idealer Ausgangsstoff für Kurzgeschichten. Die Spieler können sich aus einer Anzahl ausgeschnittener Zeitungshoroskope eines herausziehen und daraus eine kleine Geschichte entwickeln, die jeder für sich aufschreibt. Die Form wird vorgegeben, z.B. Krimi, Märchen, Dialog u.Ä.

Nach etwa 10–15 Minuten werden die Horoskope und die aus ihnen entwickelten Geschichten vorgelesen. Die Ergebnisse sind verblüffend und amüsant zugleich.

Variation: Die Horoskope dienen als Impulse für kurze Spielszenen.

Spielintention: Fantasie entwickeln, originelle Ideen äußern und darstellen.

Beispiele:

STIER
(21. 4.–20. 5.): Sie haben sich ein kuscheliges Wochenende verdient. Deshalb: Unerwartetem Besuch gar nicht erst die Tür öffnen. Aber lassen Sie den Partner an Ihren Träumen teilhaben, er fühlt sich sonst ausgeschlossen.

ZWILLINGE
(21. 5.–21. 6.): Manchmal geht's nicht ohne Notlüge. Heute bleiben Sie aber besser bei der Wahrheit. Auch in der Liebe sollten Sie nicht zu dick auftragen, sonst wird der andere mißtrauisch.

 SCHÜTZE
23.11.–21.12.
Wie wäre es, wenn Sie in Ihren Forderungen etwas zurückgingen? Der Umgang mit Ihren Mitmenschen würde sich dadurch auf jeden Fall leichter gestalten.

WASSERMANN
(21. 1.–20. 2.): Ihnen ist ein wenig schwermütig ums Herz. Sie sehnen sich nach Zärtlichkeit. Halten Sie damit nicht hinter dem Berg. Ihr Partner ist soviel Anlehnungsbedürfnis nämlich nicht gewöhnt. ☎ 0190/24 23 11

 SKORPION
23.10.–22.11.
Heute kommen Herausforderungen auf Sie zu, die Sie gelassen angehen sollten, auch wenn es Ihnen nicht leichtfällt, dabei eine vertraute Gewohnheit aufzugeben.

FISCHE
(21. 2.–20. 3.): Raus aus dem Alltag – rein ins Wochenende. Aber vergessen Sie nicht, daß der Partner vielleicht andere Vorstellungen hat. Daher: Beziehen Sie ihn mit ein, wenn Sie Pläne machen.

 STEINBOCK
22.12.–19.1.
Zwischen Ihnen und Ihrem Partner herrscht uneingeschränkte Einigkeit. Eine Entscheidung, die man Ihnen abverlangt, wird deshalb bestimmt nicht schwerfallen.

KREBS
(22. 6.–22. 7.): Sie haben die richtige Taktik gewählt: Auch wenn Sie sich scheinbar nachgiebig und kompromißbereit zeigen, wissen Sie genau, was Sie wollen und verlieren Ihr Ziel nicht aus den Augen. Mehr auf die Gesundheit achten.

Super-Puzzle

Material: Kartonkreis von 1 Meter Durchmesser, Schere, Ölkreiden oder dicke Filzstifte.

Ein wirklich beeindruckendes Malspiel, für das wir aus einem Kreis von etwa 1 Meter Durchmesser so viele Teile schneiden, wie Spieler anwesend sind. Jeder nimmt sich ein Puzzleteil und sucht sich einen geeigneten Platz im Raum, um sein Papier zu bemalen. Nach einer bestimmten Zeit tragen alle ihr Teil zusammen und sehen staunend, wie aus den unterschiedlichen Teilen ein großes Kreispuzzle entsteht. Über das fertige Produkt wird gesprochen. Es dient eventuell als Raumschmuck.

Variation: Ein großes Bild oder Plakat mit entsprechender Aussage bzw. Botschaft wird zerschnitten. Die Gruppe setzt es wieder zusammen. Die diskussionsanregende Botschaft wird beim Zusammensetzen deutlich.

Spielintention: Gemeinschaftserlebnis, Ideen festhalten, dokumentieren, Überraschungseffekt, Gespräch.

Bild- und Wortmanipulationen

Material: Porträtaufnahmen aus Illustrierten, Retusche, Retuschierpinsel, Klebstoff, Scheren.

Täglich werden wir durch Massenmedien beeinflusst. Es ist hinlänglich bekannt, dass Sympathie und Antipathie technisch manipulierbar sind. Darum geht es auch in diesem Spiel, für das wir Kleingruppen von 3–4 Mitspielern bilden, die je 6 gleiche Großaufnahmen (Porträtaufnahmen aus Illustrierten), Retusche, Retuschierpinsel und Material für die Fotomontage erhalten. Jede Gruppe bekommt 2 Arbeitsaufträge:

1. Die abgebildete Person so negativ wie möglich darstellen.
2. Die Person so positiv wie möglich darstellen.

Die veränderten Abbildungen werden gemeinsam besprochen, verglichen und im Gespräch ausgewertet.

Variation: Jede Gruppe erhält 3 ausgeschnittene Illustriertenbilder ohne Text. Zu diesen Bildern soll jeweils ein Text entworfen werden.

Spielintention: Bewusstmachen technischer Manipulationsmöglichkeiten, Zusammenhang und Wirkung von Bild und Text erkennen, kritisches Betrachten von Abbildungen, Wahrnehmungsübung.

Tierbilder

Material: Papier und Filzstifte.

Ein amüsantes und aufschlussreiches Spiel für Freizeitpsychologen. Jeder Spieler malt sich als das Tier, das er gerne sein möchte. Die Blätter werden ohne Namen eingesammelt und gemischt. Dann schauen sich alle die Zeichnungen der Reihe nach an. Welches Tier könnte zu wem gehören? Warum hat sich Susanne als »Maus« gemalt, Georg als »Dinosaurier« und Tanja als »Gazelle«?

Spielintention: Selbstdarstellung, Fremdeinschätzung, Wahrnehmung, Gespräch über Wesenszüge und Eigenschaften.

Symbolik

Material: Papier, Blei- und Farbstifte.

Abstrakte Begriffe lassen sich nicht ohne weiteres bildlich darstellen. Mit Hilfe von Bleistift und farbigen Filzern sollen die Teilnehmer verschiedene Begriffe in Zeichnungen oder grafischen Symbolen (Sinnbildern) zum Ausdruck bringen.

Als Begriff eignen sich z.B. Freude, Ärger, Trauer, Zufriedenheit, Lust, Aufregung, Nervosität, Unruhe, Teilnahmslosigkeit, Desinteresse usw. Die Darstellungen werden anschließend besprochen.

Spielintention: Möglichkeiten und Grenzen bildnerischen Ausdrucks erfahren.

Sprechblasenspiele

Material: Comic-Hefte, Scheren, Papier, Klebstoff, Deckweiß, Farbstifte.

Comics, früher ausschließlich als Schund verteufelt, sind aus dem Alltagsleben von Jung und Alt nicht mehr wegzudenken. Ob als eigenständige Hefte und Bücher oder als Bestandteil von Zeitungen und Werbeaktionen, finden Mickymaus und Kolleg/innen Zuspruch bei nahezu allen Bevölkerungsgruppen. Dass von Comics nicht nur Motivationen ausgehen, die ihre Leser faszinieren, sondern auch kreative Spielideen abgeleitet werden können, sollen fünf Spielvorschläge deutlich machen:

Tarzan trifft auf Donald Duck
Figuren und Handlungsmotive werden aus Comics ausgeschnitten und zu einer neuen Geschichte zusammengesetzt. So können z.B. Tarzan, Donald Duck und Asterix gemeinsam in einer Geschichte auftreten und Abenteuer erleben.

»Promi«-Comics
Comicstrips-Elemente werden mit anderem Bildmaterial (z.B. Prominentenfotos aus Illustrierten) vermischt. Es kommen neue, lustige Effekte zu Stande.

Neue Story
Eine Comic-Geschichte bekommt neue Texte verpasst, indem die
Sprechblasen mit Deckweiß übermalt und mit eigenen Inhalten ge-
füllt werden.

Zwischenstücke
Wir erfinden neue Zwischenstücke zum Anfang und Ende einer
Comic-Geschichte.

Mitbringgeschichte

Als Einladung zu einer frechen Fete verschicken wir jedem Gast eine Comic-Seite mit leeren Sprechblasen. Alle werden gebeten, daraus eine Geschichte zu machen und mitzubringen. Die Geschichten werden zu einem bestimmten Zeitpunkt (z.B. in der »Warming-
up«-Phase) vorgelesen, ausgelegt oder an einer Infowand befestigt.

Spielintention: Spaß am Verändern von Bild- und Textvorgaben,
Fantasie, Kreativität, originelle Ideen umsetzen.

Verwandlungskünstler

Material: Siehe Spielbeschreibung.

Ein böser Kunstkritiker soll einmal gesagt haben, dass Kunst nicht
von Können komme, sondern von Picasso. Und ein anderer meinte: »Lieber Girls als Beuys!« Sowohl der geniale Maler Pablo Picasso
als auch der Aktionskünstler Joseph Beuys wollten mit ihren oft
umstrittenen Werken Aufmerksamkeit erregen, was ihnen auch
hervorragend gelang. Wir machen uns die beuyssche Devise »Jeder
Mensch ist ein Künstler« zu Eigen und gestalten aus allerlei gesam-
melten Gebrauchsgegenständen (z.B. nicht mehr benötigten Kü-
chengeräten, defekten Radios und Fernsehern, Geschirr, Draht,
Klebeband, Zeitungen, Papier, Bast, Stoffresten, alten Fahrradteilen
usw.) eine Skulptur. Die Gegenstände sollen so weit wie möglich
aus ihrem ursprünglichen Verwendungsbereich gelöst und zum

Kunstwert umgestaltet werden. Nicht die praktische Verwendbarkeit, sondern ausschließlich die ästhetische Aussage zählt.

Das Gestaltungsspiel kann entweder vom Einzelnen oder in Kleingruppen durchgeführt werden. Die fertigen Produkte können für lange Zeit als schmückendes Objekt Räume zieren und immer wieder an diese Spielaktion erinnern.

Spielintention: Ideen umsetzen, Kreativität, Gebrauchsgegenständen eine neue Bedeutung geben; Kooperation, sich auf den anderen einstellen (beim Gruppenspiel).

2. Teil: Ungewöhnliche Interaktionsspiele

Spielpädagogische Überlegungen

Was sind Kontakt- und Kommunikationsspiele?

Für das Verständnis menschlichen Lebens sind die Begriffe »soziale Interaktion« und »soziale Kommunikation« von zentraler Bedeutung. Ohne Interaktion und Kommunikation ist ein geregeltes Zusammenleben nicht denkbar. Unter sozialer Interaktion verstehen wir alle Vorgänge, die zwischen Menschen stattfinden. Es geht um das wechselseitige Reagieren, Beeinflussen und Steuern zwischenmenschlicher Beziehungen. Bei diesen Vorgängen werden Informationen ausgetauscht. Diesen Teil der Interaktion nennen wir soziale Kommunikation. Sie umfasst nicht nur die Vermittlung sachlicher Informationen, wie z.b. Nachrichten, sondern auch Gefühle, Empfindungen, Wünsche und Bedürfnisse. Wer interagiert, kommuniziert, und wer kommuniziert, interagiert gleichzeitig.

Die Verständigung bzw. der Informationsaustausch geschieht durch Sprache, Körperhaltung, Mimik, Gestik, Schriftzeichen, bildliche Darstellung, Töne und Symbole. Um zwischenmenschliche Beziehungen herzustellen und aufrechtzuerhalten, bedarf es einer bestimmten Kontaktfähigkeit. Sie ist bei jedem unterschiedlich ausgeprägt, lässt sich jedoch positiv beeinflussen und trainieren.

Kommunikationsspiele erleichtern das Kennenlernen, fördern die Kooperationsbereitschaft und sind ein gutes Einübungsfeld zur Erweiterung der Handlungsfähigkeit und der sozialen Kompetenz. Kommunikationsspiele führen zur Verbesserung der Sensibilität des einzelnen Teilnehmers und helfen ihm, festgelegte Verhaltensweisen an sich selbst festzustellen und zu ändern. Kommunikationsspiele ermöglichen die Verbalisierung von Gefühlen und bieten ein hohes Maß an individueller Wertschätzung und Selbstbestätigung. Sich auf Ängstlichkeit und Befangenheit beziehende Kommunikationsspiele verdeutlichen mögliche Ursachen und können bei der Entwicklung von Selbstvertrauen sehr hilfreich sein. Sie machen den Einzelnen produktiver und tragen zur Befreiung von alltäglicher Beengung bei. Nahezu alle Spiel- und Arbeitsformen, die öffentliches Auftreten erfordern, können bei Zuhilfenahme sozialer Kommunikationsspiele schöpferischer und produktiver gestaltet werden. Sie sind auch ein geeigneter Anreiz für den schöpferischen Ausdruck beim Schreiben, bildnerischen Gestalten und Musizieren. Die Kontakt- und Kommunikationsspiele dieses Buches lassen sich in jeder aufgeschlossenen Jugend- und Erwachsenengruppe durchführen. Zu einem Programm zusammengefasst, können wir die Spiele und Übungen als »experimentelle« Situationen auffassen, in denen gewisse Erfahrungen im mitmenschlichen Bereich »verdichtet« erlebt werden. Auf diese Weise erleben wir in verschiedenen Spielsituationen unsere unterschiedlichen Reaktionsweisen auch besonders deutlich und klar. Wichtig ist dabei, dass uns bewusst wird (z.B. im Reflexionsgespräch), diese Erfahrungen später wieder in das Gesamtfeld unseres Alltags einzubetten.

Für wen können die Spiele hilfreich sein?

Grundsätzlich können alle Jugendlichen und Erwachsenen an den Spielen und Übungen z.B. im Rahmen eines Seminars teilnehmen, wenn sie ihre Person auf eine neue Weise erfahren wollen. Die Angebote wenden sich an »normal belastete« und »normal belastbare« Menschen. Profitieren können alle Teilnehmer, die sich engagiert einbringen, gleich, ob sie sich ganz neu zusammenfinden, schon einander kennen, freundschaftliche Kontakte haben oder in Gruppen zusammenarbeiten, studieren, wohnen oder ihre Freizeit verbringen.

Eine nützliche Hilfe sind Kontakt- und Kommunikationsspiele für Pädagogen in der Jugend- und Erwachsenenbildung, für Lehrer(kollegien), Schüler- und Studentengruppen, Mitarbeiter in der sozialpädagogischen Aus- und Fortbildung, Trainingsgruppen, Wohngemeinschaften, letztlich alle Einrichtungen und Arbeitsfelder, in denen Teamfähigkeit jeden Tag aufs Neue notwendig ist.

Spielleitung und Moderation

Der Spielleiter hat die Aufgabe, die Gruppe zum Spielen zu motivieren. Er ist für eine gute Vorplanung und Vorbereitung zuständig und spielt – so oft es geht – selbst mit. Wo dies nicht möglich ist, übernimmt er die Rolle des Beobachters. Der Spielleiter achtet bei den Spielen auf das körperliche und psychologische Wohlergehen der Mitspieler. Nur so entwickelt sich ein Vertrauensverhältnis und die Bereitschaft, sich auf Neues und Ungewohntes einzulassen.

In diesem Buch wird bewusst der Begriff »Spielleiter« (gemeint ist selbstverständlich auch die Spielleiterin!) verwendet. Damit wird der spielerische Aspekt der Angebote besonders betont, auch wenn der Spielleiter hin und wieder in die Rolle des Moderators, Übungsleiters, Trainers, Pädagogen oder Beraters schlüpfen muss.

Zur Planung und Durchführung von Kommunikationsseminaren gehört eine Diagnose der Bedürfnisse, Einstellungen, Probleme, Wünsche und Defizite der Teilnehmer. Der Spielleiter muss auch selbstkritisch seine eigenen Fähigkeiten und Grenzen reflektieren. Die Kenntnis eigener Spielhemmungen oder Blockierungen im Umgang mit anderen Menschen ist Voraussetzung für eine verantwortungsbewusste Leitung und differenzierte Analyse der Gruppe. Einfühlsames Vorgehen bei der Zusammensetzung von Spielfolgen ist ebenso wichtig wie die aktive Einbeziehung und Mitbestimmung der Teilnehmer, wenn es um Tempo und den Grad an Nähe und Intensität geht. In der Rolle des teilnehmenden Beobachters hilft der Spielleiter, Hemmungen zu erkennen und zu überwinden.

Zu Beginn eines Seminars sind eine Begrüßungsmusik, ein freundliches Lächeln, ein Händedruck für jeden eine gute Kontaktbrücke, die es den Mitspielern erleichtert, sich zu öffnen.

Neben einem Gespür für die richtige Auswahl und Reihenfolge der Spiele (»Was die Gruppe braucht«), sollte der Spielleiter

- *zu Beginn:* klare Spielerklärungen und Anweisungen geben – Blickkontakt zu den Angesprochenen halten – Vorteile, Ziele (Spielintention) betonen, ohne Ergebnisse vorwegzunehmen – je nach Spielvorhaben Materialien bereithalten – kurzen Check vornehmen, ob das Gesagte richtig verstanden wurde;

- *im Spielverlauf:* anregen, aktivieren, motivieren – Einfälle der Spieler einbeziehen – je nach Spielsituation neue Spielanreize geben;
- *am Schluss:* Rückmeldungen (»Feed-back«) einholen und geben – Wirkungen überprüfen und eventuell klären.

Übereinkunft und übergreifende Spielregeln

Kommunikationsspiele bieten von ihrer Spielstruktur her genügend Handlungsspielraum und ermöglichen so ein aktiv-kreatives Handeln, die Entwicklung von Offenheit und konstruktiver Rückmeldung. Vor Beginn eines Seminars, in dessen Mittelpunkt Kontakt- und Kommunikationsspiele stehen, sollten sich die Teilnehmer auf einige grundlegende Regeln einigen. Sie erleichtern das Miteinander und verbessern die eigene soziale Lernfähigkeit:

- Jeder Mitspieler sollte bereit sein, sich während der Spiele zu öffnen für neue, auch außergewöhnliche Erfahrungen.
- Niemand wird gezwungen. Das Mitspielen geschieht freiwillig.
- Die Gruppe spielt ungestört ohne fremde Zuschauer.
- Bei den meisten Spielen tauscht die Gruppe am Schluss die gemachten Erfahrungen im Gespräch aus.
- Mitteilungen, Rückmeldungen und Äußerungen der Mitspieler sollten sich immer auf das »Hier« und »Jetzt« der Gruppensituation beziehen.
- Persönliche Kommunikationsregeln können sein: Ich möchte ernsthaft versuchen, meine Gefühle anderen gegenüber noch besser zu verstehen – Ich möchte die anderen Gruppenmitglieder näher und intensiver kennen lernen – Ich möchte lernen, die Empfindungen anderer besser zu verstehen – Wenn ich meine Meinung äußere, sage ich »ich« statt »man« oder »wir« – Ich bitte andere um Rückmeldung und gebe anderen Rückmeldung. Dabei höre ich aufmerksam zu und schaue den anderen an, wenn ich mit ihm spreche.
- Treten beim Spielgeschehen in der Gruppe Störungen auf, so haben sie stets Vorrang und werden sofort besprochen.

Die Spielvorschläge verfügen über einen klaren Aufbau, besitzen leicht verständliche Regeln und sind leicht umsetzbar. Neben der Spielbeschreibung und den entsprechenden didaktisch-methodischen Hinweisen bieten sie genügend Freiraum für gruppen- und personenbezogene Variationen. Unter dem Stichwort »Spielintention« erhält der Benutzer kurze Hinweise auf die Zielsetzung und Bedeutung des Spiels für die Teilnehmer. Unter dem Stichwort »Reflexion« werden Gesprächsimpulse und Denkanstöße für den Austausch nach einem Spiel gegeben.

Für die Durchführung mehrstündiger Spielseminare ist es wichtig, eine Übersicht zu erstellen, aus der Reihenfolge und Ablauf der einzelnen Spiele hervorgehen. Dabei ist auf einen sinnvollen Wechsel zwischen Anspannung und Entspannung zu achten. Die Dauer der Spiele richtet sich im Wesentlichen nach dem Wunsch der Teilnehmer.

Als Einstieg empfehlen sich Spiele, bei denen alle oder mehrere gleichzeitig mitmachen können. Bei neuen Gruppen, die Ungewohntem etwas ängstlicher gegenüberstehen, beginnen wir am besten mit Kontaktspielen (Warming-up), die weder besondere körperliche noch psychische Anforderungen stellen. Bei vielen Kommunikationsspielen ist eine Teilnehmerzahl von 12–16 optimal. Die Gruppe ist damit groß genug, um möglichst verschiedene Menschen zu umfassen, und klein genug für vielseitige Kontaktaufnahmen. Bei mehr als 20 Teilnehmern werden die Kontakte oberflächlicher und zerstreuter. In größeren Spielgruppen bilden wir deshalb Untergruppen. So hat jeder die Möglichkeit, direkten und gleichzeitigen Kontakt mit einigen wenigen suchen zu können.

Erste Begegnung – Kennenlernen – Lockerung – »Warming-up«

In jeder sich neu bildenden Gruppe besteht das Bedürfnis, Kontakte aufzunehmen und sich besser kennen zu lernen. Bei den ersten Treffen taucht immer wieder das gleiche Problem auf. Man weiß noch zu wenig voneinander und hat noch keine gemeinsamen Erlebnisse, an die man anknüpfen kann. Jeder hat zwar den Wunsch dazuzugehören, allerdings existieren noch Schwellenängste und Unsicherheiten. »Warming-up«-Spiele erleichtern und beschleunigen das Kennenlernen. Sie helfen, beängstigende Situationen zu umgehen, fördern durch eine gelöste Grundstimmung die Spielbereitschaft der Gruppen und lassen eine vertraute Atmosphäre entstehen, in der sich die einzelnen Teilnehmer wohl fühlen können.

Der große Promi-Treff

Material: Stecknadeln und vorbereitete Karten.
Spielintention: Kontaktaufnahme, Anregung zum Gespräch, Lockerung.

Bei diesem Eröffnungsspiel treffen äußerst prominente Persönlichkeiten aufeinander. Ob sie noch unter den Lebenden weilen oder bereits das Zeitliche gesegnet haben, spielt keine Rolle. Wolfgang Amadeus Mozart kann ebenso dabei sein wie Heinz Rühmann, Franz Joseph Strauß oder Königin Elisabeth II. Es können Tarzan und Helmut Kohl aufeinander treffen oder sich Michael Jackson, Julius Cäsar und Zarah Leander unterhalten. Zu Beginn heftet die Spielleitung jedem Mitspieler mit einer Stecknadel eine Karte (ca. 7 × 10 cm), die den Namen einer bekannten Persönlichkeit trägt, auf den Rücken. Der Spieler selbst weiß nicht, wer er ist.

Haben alle einen Namen erhalten, suchen sie sich Gesprächspartner, um zu erfahren, in wessen »Haut« sie gesteckt wurden. Durch einen Blick auf den Rücken seines Gegenübers weiß der Spieler, mit wem er es zu tun hat.

Gegenseitig stellt und beantwortet man jetzt Fragen, die Hinweise auf die eigene Identität geben (z.B. Bin ich ein Schauspieler? Bin ich eine Frau? Lebe ich noch? usw.). Das Spiel endet, wenn sich alle Spieler selbst erkannt haben. Sollte es für einige »Promis« zu schwierig werden, sich zu erkennen, wird die Spielleitung eine kleine Hilfestellung geben. Der Schwierigkeitsgrad der zu ratenden Personen, d.h. ihre Bekanntheit, sollte auf die Gruppe abgestimmt sein.

Ich heiße Anna

Spielintention: Kontaktaufnahme, Vorstellung, Namen erlernen.

Die Spieler stehen im Kreis. Einer nach dem anderen geht in die Mitte und stellt sich mit einer begleitenden typischen (leisen, ruhigen, schwungvollen, theatralischen) Bewegung vor: »Ich heiße …!« Miteinander wiederholt der ganze Kreis Bewegung und Aussage: »Er/Sie heißt …!«

Partner-Puzzle

Material: Ein Stoß Karteikarten im Format 8 × 13 cm.
Spielintention: Kontaktaufnahme, Reduzierung von Berührungsängsten.

Dieses Vorstellspiel ist gut für eine sich neu zusammensetzende Gruppe. Die Spielleitung hat einen Stoß Karteikarten im Format 8 × 13 cm in jeweils zwei Hälften geschnitten. Jede Karte ist verschieden auseinander geschnitten, sodass jede Hälfte nur zu einer anderen passt. Jeder Spieler erhält nun eine Hälfte und sucht sich unter den Teilnehmern das passende Gegenstück. Sobald sich zwei Partner gefunden haben, können sie fünf oder zehn Minuten damit verbringen, etwas über den anderen herauszufinden. Wenn die Zeit kurz ist, können die Partner zwei oder drei Dinge über den jeweils anderen herausfinden, die ihnen dieser mitteilen möchte. Dieses Kennenlernen kann in Form eines zwanglosen Gesprächs oder einer gegenseitigen Befragung erfolgen.

Hört, hört!

Spielintention: Schnelles Namenlernen.

Um schnell neue Namen zu lernen und zu behalten, bietet sich dieses fast ballettreife Spiel als Vorstellungsrunde an. Alle Spieler bilden einen Kreis. Der Erste nennt seinen Namen. Die anderen stampfen zweimal mit dem rechten Fuß auf und legen die Hand ans rechte Ohr, um besser zu hören. Der Spieler wiederholt seinen Namen, worauf die Gruppe zweimal in die Hände klatscht und seinen Namen wiederholt. Der Nächste fährt fort.

PTT – Peters Pappteller-Test

Material: Pappteller oder Pappschilder, Filzstifte und Sicherheitsnadeln.
Spielintention: Erste Selbsterkundung, Selbstdarstellung, Kennenlernen der Teilnehmer untereinander.

Ein interessantes Eröffnungsspiel für neue Gruppen ist der PTT. Jeder Mitspieler erhält einen Pappteller (ein Stück Pappe tut's auch) und einen Filzstift. Die nachfolgenden Fragen der Spielleitung werden auf den Papptellern schriftlich beantwortet bzw. aufgemalt: »Wie möchte ich angeredet werden?«/»Welche Hobbys habe ich?«/ »Welches wäre mein Traumberuf?«/»Wohin würde ich am liebsten reisen?«/»Was liegt mir mehr: Der Einzelne, das Paar, die Gruppe?«/»Was erwarte ich von dieser Zusammenkunft?«

Die Teilnehmer heften sich ihren beschriebenen Pappteller vor die Brust, gehen im Raum umher, betrachten sich, stellen Fragen, kommen ins Gespräch. Die Spieldauer liegt bei 15 bis 20 Minuten.

Partnerinterview

Spielintention: Kontaktaufnahme zu einzelnen Teilnehmern, aufmerksames Zuhören.

Der Spielleiter bittet die Teilnehmer, sich jeweils paarweise zusammenzustellen, allerdings mit jemandem, den sie noch nicht kennen. Jeder Spieler hat drei Minuten Zeit, seinen Partner zur Person zu befragen. Danach wechseln die Rollen. Nach sechs Minuten kommen alle im Stuhlkreis zusammen. Der Reihe nach stellen dann die Spieler nicht sich selbst, sondern ihren interviewten Partner vor.

Gesichtspunkte

Material: Je Teilnehmer ein Schminkstift.
Spielintention: Kontaktaufnahme, Eingehen auf die Mitspieler, Sensibilität, Dialog.

Jeder Spieler nimmt einen Schminkstift seiner Wahl in die Hand. Alle Mitspieler bewegen sich durch den Raum. Jeder versucht nun, eine Person zu finden, der er mit seiner Farbe einen Punkt ins Gesicht setzen darf. Dialog-Beispiel: »Du magst bestimmt gelb?«/»Wie kommst du darauf?«/»Bei deiner freundlichen Ausstrahlung! Darf ich dir einen Punkt aufmalen?«/»Nein, lieber nicht.«/»Oh. Verzeihung. Dann hab ich mich wohl geirrt.«

Die beiden Spieler gehen wieder auseinander. Wer mit einem Punkt gekennzeichnet ist, setzt sich mitten unter die Gehenden.

Lebensbilder

Material: Makulaturpapierrolle, dicke Filzstifte, Tesakrepp.
Spielintention: Intensives Kennenlernen, Selbstdarstellung, Sensibilisierung.

Für dieses intensive Kennenlernspiel, das in der Regel bis zu einer Stunde dauern kann, bilden wir Paare. Ein Spieler zeichnet die Körperumrisse seines Partners mit einem Filzstift auf eine entsprechend große Papierunterlage. Dann erhält der Gezeichnete den Filzer und füllt seinen Körperumriss mit Leben, indem er hineinschreibt und hineinzeichnet, was er so macht, wo er lebt, welche Vorlieben und Abneigungen er hat, Interessen, Hobbys, Zukunftswünsche, Sehnsüchte, Sorgen usw.

Ist die Umrisszeichnung mit »Leben« gefüllt, tauschen die Spielpartner die Rollen. Sind beide Zeichnungen fertig, werden sie aufgehängt. Die Mitspieler gehen herum und stellen Fragen zu den einzelnen »Lebensbildern«.

Ballonkontakte

Material: Je Spieler ein Luftballon, Filzstifte, Musik.
Spielintention: Zwanglose Kontaktaufnahme, Dialoge, behutsame Bewegungen ausführen, Körpergefühl entwickeln.

Der Spielleiter verteilt Luftballons. Jeder bläst seinen auf, verknotet ihn und schreibt mit dem Filzstift seinen Namen darauf. Zu einer rhythmischen Musik bewegen sich alle im Raum und stoßen zunächst ihren eigenen Ballon, dann die der anderen in den Raum.

Alle Teilnehmer sind bemüht, jeden Ballon, den sie gerade erreichen können, in der Luft zu halten. Setzt die Musik aus, so versucht jeder einen Ballon zu ergreifen und begibt sich dann auf die Suche nach dem Besitzer des Ballons. Hat er ihn gefunden, machen sich beide miteinander bekannt. Ein wirklich schönes »Warming-up«-Spiel.

Mein rechter Platz ...

Spielintention: Unkonventionelle Kontaktaufnahme, Spaß am Darstellen, Hemmungsabbau.

Eine schöne Variante des Kennenlern-Klassikers. Die Spieler sitzen im Stuhlkreis. Ein Platz bleibt frei. Der Spieler, der links neben dem leeren Stuhl sitzt, beginnt mit den Worten: »Mein rechter Platz ist leer, ich wünsche mir (z.B. Susanne, Torsten, Jutta ...) als ... Monster her/... Elvis her/... Charly Chaplin her/... Kommissar Rex bellend her.« Die oder der so aufgerufene muss in der gewünschten Form zum leeren Platz gehen, laufen, springen, hüpfen usw. Der neu entstandene leere Platz wird erneut von seinem linken Nachbarn in der oben beschriebenen Art besetzt.

Atome und Moleküle

Spielintention: Kontaktaufnahme, Abbau von Berührungsscheu, Spaß an der Bewegung.

Alle Mitspieler sind Atome, die sich zuerst einzeln und frei im Raum bewegen, bevor sie sich auf Anweisung der Spielleitung zu Molekülen unterschiedlichster Art zusammenballen. Heißt es z.B.: »Molekül fünf!«, dann bilden sich so schnell wie möglich Fünfergruppen. Die übrig bleibenden Atome reihen sich beim nächsten Impuls wieder in die Gruppe ein.

Neben Zahlen lassen sich auch andere Merkmale als verbindender Impuls nennen: Augenfarbe, Geburtsjahr, Haarfarbe, Schuhgröße, Hobbys, Lieblingsgerichte, Farben ... Das Spiel lebt besonders vom schnellen Wechsel der Impulse.

Alltagskontakte

Spielintention: Erleben verschiedener Ausdrucksmöglichkeiten.

Der Spielleiter greift verschiedene Situationen aus dem Alltag auf, bei denen sich Personen begegnen und Kontakt aufnehmen. Die Spieler verteilen sich im Raum und führen verschiedene Aufgaben aus:

– Begrüßung: … in der Familie (großes Familientreffen)/… im Freundeskreis/… mit einem sehr guten Freund, den wir lange Zeit nicht gesehen haben/… eines Vorgesetzten/… bei einem Empfang mit prominenten Persönlichkeiten.
– Begegnung mit einer unbekannten Person, mit der wir gern ins Gespräch kommen möchten.

Superlative

Spielintention: Lustige Kontaktaufnahme, Namen kennen lernen, Assoziationen.

Wir schauen uns in der Runde um. Dann nennt jeder Spieler seinen Namen und etwas, das ihn von allen anderen unterscheidet – einen Superlativ: »Ich habe die hellsten Haare!« – »Ich habe die längste Nase!« – »Ich trage die schwärzesten Hosen!« – »Ich besitze die kleinste Brille!«

Tanz der Vampire

Material: Eine möglichst spannende, schaurige (Tanz-)Musik.
Spielintention: Spaß, Spannung, Kontakte.

Zu einer möglichst schaurig-spannenden Musik tanzen alle Spieler mit geschlossenen Augen im Raum. Begegnen sich zwei Tänzer, so geben sie sich die Hand. Einer der Mittänzer ist der Blut saugende Vampir. Er stößt nach dem Händedruck einen wilden Schrei aus und verwandelt somit den anderen auch zum Vampir. Sein Ziel ist, möglichst alle mit dem Vampir-Bazillus zu infizieren und alle zu Vampiren zu machen. Treffen jedoch zwei Vampire aufeinander, sind sie wieder erlöst. Für karpaten- und vampirtanzerfahrene Spieler bietet sich statt des Händedrucks ein Kuss auf den Hals an.

Versteckte Namen

Material: Filzstifte, Papier, Pappe, Sicherheitsnadeln, Fingerfarben.
Spielintention: Kontaktaufnahme, Kennenlernen, Körperkontakt.

Ein schönes Kontaktspiel. Jeder Teilnehmer erhält die Aufgabe, seinen Namen so an sich anzubringen, dass die anderen, die seinen Namen erfahren wollen, direkten Kontakt aufnehmen müssen. So kann man z.B. seinen Namen an der Gürtelschnalle befestigen, den Namen auf Papier schreiben und um den Hals hängen oder den Namen mit abwaschbarer Fingerfarbe auf den Arm schreiben und das Hemd oder den Pullover darüber ziehen. Wem fällt ein besonders originelles Namensversteck ein?

Selbstporträt

Material: Papier und Filzstifte.
Spielintention: Kontaktanbahnung.

Jeder Spieler erhält ein Blatt Papier und einen Filzstift, um innerhalb von fünf Minuten ein Selbstporträt zu zeichnen. Die Blätter werden geknickt und eingesammelt. Nun zieht jeder Teilnehmer ein Blatt und versucht, den Zeichner des Selbstporträts zu ermitteln.

Begrüßungsfest

Spielintention: Unterschiedliche Grußformeln bewusst erleben und thematisieren, (non)verbale Ausdrucksmittel erfahren.

Die Spieler gehen im Kreis umher und versuchen auf ein Kommando der Spielleitung so viele Hände wie möglich zu schütteln und dabei deutlich ihren Namen zu sagen. Nach etwa 2 Minuten gibt es jeweils eine neue Anweisung: zuwinken, unterkühlt grüßen, überschwänglich auf den anderen zugehen; den Lehrer, den Chef begrüßen; hochnäsig, arrogant, belanglos, gelangweilt grüßen; den tollen Typ/das nette Mädchen, das man gerne näher kennen lernen würde, grüßen; verliebt, erotisch …

Defekte Maschine

Spielintention: Abbau von Berührungsängsten, Lockerung.

Ein reizvolles Warming-up-Spiel, das als Paarübung durchgeführt wird. Eine Maschine ist defekt. Sie gibt ohne Unterbrechung ein und dasselbe Geräusch von sich, bis der Techniker den Fehler entdeckt und abstellt. Dazu muss sich der »Maschine«-Spieler Geräusch und Körperstelle ausdenken, die der »Techniker« mit seinen Händen suchen muss. Hat er die Stelle ertastet, endet das Maschinengeräusch und die Rollen werden getauscht.

Variation: Statt paarweiser Aufteilung können natürlich auch »Mehrklanghörner« – bestehend aus einer Personengruppe – abgestellt werden müssen.

Gordischer Knoten

Spielintention: Kontakt mit anderen, Kooperation (auf seine Mitspieler behutsam eingehen).

In der griechischen Sage war zwischen Deichsel und Joch eines dem Zeus geweihten Wagens ein Knoten geknüpft, der Gordische Knoten. Wer ihn löste, sollte Weltherrscher werden. Alexander der Große zerhieb ihn mit dem Schwert.

Bei unserem Spiel geht es um ein weit bescheideneres, wenn auch für die Teilnehmer sehr wertvolles Ziel: die Kontaktaufnahme. Die Spieler bilden einen Stehkreis und geben einander die Hände. Der bzw. die Spielleiter machen auch mit und lassen einen scheinbar unentwirrbaren Knoten entstehen. Die Hände dürfen dabei nicht losgelassen werden. Durch Durchschlüpfen und Darübersteigen mit etwas Geschick und Strategie löst sich der Knoten wieder in einen Kreis auf. Das Ganze lässt sich übrigens auch »blind« spielen.

Variation: Die Spieler bilden eine Schlange. Ein Spieler ist der Schlangenkopf und zieht alle anderen hinter sich her. Dabei schlängelt er sich zwischen den Teilnehmern möglichst oft hindurch, steigt über ihre Hände hinweg, oder kriecht durch die Beine. Schließlich fasst er die Hand des Spielers an, der den Schwanz bildet. Nun versucht die Gruppe, den entstandenen Knoten zu lösen, ohne die Hände loszulassen.

Tanz auf der Titanic

Material: Flotte Musik, Kassettenrekorder/Plattenspieler.
Spielintention: Lockerung, Kontakt, Kennenlernen.

Der Spielleiter hat einen Kassettenrekorder mitgebracht und teilt mit, dass man gemeinsam eine Dampferfahrt mache. Es ist 23 Uhr und wir tanzen jeweils mit einem/einer Partner/Partnerin in der Diskothek des Schiffes. Plötzlich ertönt über Lautsprecher die Stimme des Kapitäns: »Liebe Passagiere, wir haben eine kleine Panne, doch sie wird bald behoben sein. Tanzen Sie bitte weiter. Anweisungen, die ich über Lautsprecher gebe, müssen sofort ausgeführt werden.«

Alle tanzen weiter. Plötzlich ertönt die Stimme des Kapitäns: »Damit der Boden des Schiffes nicht so belastet ist, dürfen alle Herren nur noch auf dem linken Fuß weitertanzen.«/»Die Damen strecken die rechte Hand hoch in die Luft, um das Gleichgewicht des Schiffes zu halten.«/»Die Herren tanzen jetzt in der Hocke.«/»Dem Partner jetzt unbedingt die Hände auf die Schulter legen.«/»Es ist Wasser ins Schiff eingedrungen. Die Hosenbeine werden hochgekrempelt.«/»Die Partnerin wird auf den Arm genommen.«

Während dieser »feucht-musikalischen« Dampferfahrt können auch Ideen der Teilnehmer aufgegriffen werden.

Partnersuche

Spielintention: Originelle Paarbildung.

Wir bilden zwei Gruppen (A und B). Jedem Spieler der Gruppe A wird ein Begriff oder eine Tätigkeit zugewiesen (zum Beispiel Tisch decken, Holz hacken usw.), die er darstellen soll. Die Spieler der Gruppe B erhalten einzeln für sich dieselben Begriffe oder Tätigkeiten. Die Spieler wissen aber nicht, wer welche Tätigkeit vorführt. Die Spieler stellen sich nebeneinander auf. Sobald ein Spieler von Gruppe B die Tätigkeit eines Spielers von Gruppe A erkannt hat, stellt er sich hinter diesen und führt sie gemeinsam mit ihm durch. Das Spiel geht so lange, bis sich alle Paare gefunden haben.

Kinderfotos I

Material: Kinderfotos der Teilnehmer.
Spielintention: Gelöste Stimmung, lustige Kontaktaufnahme.

Alle Mitspieler haben ein Kinderfoto von sich mitgebracht. Die Fotos werden gemischt. Jeder Teilnehmer zieht ein Kinderbild, um dann Kontakt zu der abgelichteten Person aufzunehmen. Dieses dürfte besonders schwer fallen, wenn man nur auf ein Baby- oder Kleinkinderfoto zurückgreifen kann. Durch dieses Spiel können auch Spiel- oder Tanzpartner für eine erste Spielrunde gefunden werden. Auf alle Fälle dürfte die Tanzrunde allen Spaß machen.

Kinderfotos II

Material: Je Teilnehmer 5–10 mitgebrachte Fotos aus Kindheit, Schule, erster Liebe und Beruf.
Spielintention: Kontakte vertiefen, Vorstellungen abrunden, auf andere besser eingehen und sie verstehen.

Jeder Mensch verfügt über seine eigene Lebensgeschichte in Bildern. Diese Geschichte wird meist in Alben aufbewahrt. Jeder Teilnehmer bringt für dieses Kennenlernspiel etwa 5–10 Fotos mit. Wichtig sind die kleinen Geschichten, die zu jedem Bild gehören.

1. *Spielrunde:* Jeder erzählt reihum die wichtigsten Abschnitte seines Lebens (Wohnorte, Verwandte, Freunde, Ereignisse usw.). Die anderen dürfen Fragen stellen.

2. *Spielrunde:* Alle Fotos werden gemischt und verdeckt auf den Tisch gelegt. Reihum nimmt jeder Mitspieler ein Bild auf, nennt den Abgebildeten und beschreibt die fotografierte Szene.

3. *Spielrunde:* Alle Mitspieler wählen gemeinsam von jedem Teilnehmer die 2 Fotos aus, die ihn am besten charakterisieren. Zu den ausgewählten Bildern können Schlagzeilen bzw. Bilduntertitel geschrieben werden.

In der Stadt

Material: Eventuell Musik als Hintergrundstimulanz.
Spielintention: Lockere Kontaktaufnahme, bewusstes Erleben, Spielfreude.

Unser »Stadtbummel« ist ein aus mehreren Einzelaktivitäten bestehender Spielblock. Unter dem Motto »Do it!« eignet er sich besonders zur Lockerung und Kontaktaufnahme und bringt echte Bewegung unter die Teilnehmer.

Alle Mitspieler stehen frei in einem Raum, der genügend Bewegungsfläche bietet. Die Spielleitung gibt Anweisungen, die von der Gruppe – meistens mit viel Freude und Heiterkeit – ausgeführt werden sollen. Alle 30–60 Sekunden erfolgt eine neue Anweisung.

»Stellt euch vor, wir machen einen Stadtbummel durch eine größere Stadt …«/»Wir gehen umher, schauen niemanden an, fassen keinen an …«/»Wir nehmen jetzt die anderen Leute wahr, schauen sie an, sehen ihnen beim Vorbeigehen in die Augen …«/»Unterwegs treffen wir Bekannte und schütteln Hände, viele Hände, immer mehr Hände …«/»Ihr befindet euch jetzt in einer Gegend, in der das Gehen verboten ist. Erfindet andere Arten der Fortbewegung.«/»Versetzt euch in einen Zwerg und geht als Zwerg weiter.«/»Bewegt euch als Riese weiter.«/»Ihr habt es sehr eilig und müsst an einer Ampel warten.«/»In der Fußgängerzone tummeln sich viele Menschen. Kinder hüpfen und springen wie wild vor Freude …«/»Paare machen untergehakt einen Schaufensterbummel …«/»Eine Gruppe Jugendlicher hat eine Schlange gebildet (Hände auf Schultern des Vordermannes) und zieht beschwingt durch die Straße …«/»An einer Ecke treffen wir auf unsere Freundin/unseren Freund, die/den wir ewig lange nicht gesehen haben und begrüßen sie/ihn ganz herzlich …«/»Wir gehen weiter und sehen eine Reihe lustiger Typen und komischer Käuze. Einige begrüßen sich auf eine völlig neue Art (z.B. zart am Ohrläppchen ziehen), andere führen einen Zeitlupen-Boxkampf durch und wieder andere bewegen sich auf verrückte Art vorwärts (z.B. wie ein Fisch im Wasser) …«/»Alle Fußgänger laufen durcheinander, und zwar ganz vorsichtig und behutsam. Für einen Augenblick schließen sie dabei die Augen

…«/»Wir laufen immer noch durcheinander. Jeder ›verschenkt‹ ein Geschenk an drei Personen, indem er sagt ›Ich schenke dir …‹, dann geht er weiter …«/»Es beginnt zu regnen. Jeder geht zu dem, der das fröhlichste Gesicht macht, der am lustigsten angezogen ist, den man am liebsten mit nach Hause nehmen möchte, stellt sich unter einen imaginären Regenschirm und spaziert durch den Regen.«/»Alle gehen wieder umher. Je zwei Spieler/innen verabschieden sich für lange Zeit.«

Die Spielvorschläge lassen sich beliebig erweitern und variieren.

Auswertung: Wie wurden die einzelnen Spielaktivitäten erlebt? Wie habe ich mich gefühlt? Welche Spiele gefielen mir, welche weniger? Warum?

Steckbrief

Spielintention: Interesse am Mitspieler wecken, Wahrnehmung.

Je zwei Spieler setzen sich gegenüber und betrachten sich für eine feste Zeit von 3 Minuten ganz genau. Nachher sollen sie eine Beschreibung des Gegenübers abgeben, die es ermöglicht, einen genauen Steckbrief anzufertigen. *Der Verdächtige ist (hat)*

Zeitungskontakte

Material: Zeitungen, Kassettenrekorder mit Musikaufnahmen.
Spielintention: Aufeinander eingehen, Abbau von Berührungsängsten, Kooperation, Spielspaß.

Ein Spiel, bei dem sich die Teilnehmer garantiert näher kommen. Je vier Personen stellen sich auf eine ausgebreitete Zeitung und bewegen sich sanft zur Musik des eingeschalteten Kassettenrekorders. Wird die Musik unterbrochen, falten die Spieler ihre Zeitung jeweils einmal zusammen. Nach und nach verkleinert sich so die Stand- bzw. Tanzfläche. Zum Schluss befinden sich alle aneinander geklemmt nur noch auf einem klitzeklein zusammengefalteten Zeitungspapier.

Flugpost

Spielintention: Warming-up-Spiel, Vertrauensübung, ungewöhnliche Körpererfahrung.

Alle Teilnehmer stellen sich für dieses Warming-up-Spiel in einer engen Doppelreihe mit dem Gesicht nach vorne auf. Der vorderste Spieler lehnt sich zurück, wird emporgehoben und über den Köpfen der Mitspieler nach hinten durchgereicht. Beim ersten Spieldurchgang könnten Ängste bestehen, fallen gelassen zu werden. Das Gewicht verteilt sich jedoch – selbst bei schwereren Mitspielern – auf so viele Hände, dass es in der Regel keine Probleme gibt. Wir sollten dennoch vor Spielbeginn über mögliche Ängste sprechen.

Schoßsitzen

Spielintention: Lustiges Gruppenerlebnis, Kontakt zu den Mitspielern.

Um eine wunderschöne Sitzkette von Lebewesen zu schaffen, bilden wir zuerst einen Kreis und geben uns die Hände. Nun wird zusammengerückt, sodass die Spieler Schulter an Schulter stehen. Dann dreht sich jeder nach rechts und schaut auf den Rücken des Vordermannes. Alle Spieler setzen sich nun sanft auf die Knie des Mitspielers hinter sich. In dieser Position kann man sich mit seinem Vordermann unterhalten, gemeinsam ein Lied singen, »Stille Post« spielen, oder vielleicht gelingt es der Spielgruppe sogar, sich als Tausendfüßler langsam fortzubewegen. Das Spielende überlassen wir dem Zufall.

Sinnliche Wahrnehmung – Sensibilisierung – Vertrauensbildung

Unsere Wahrnehmung wird stets von individuellen und sozialen Faktoren beeinflusst. Sie ist auch abhängig von den Einflüssen durch andere Personen, die wiederum Auswirkungen auf unser eigenes Verhalten haben. Der Umgang mit anderen Menschen erfordert Sensibilität. Im psychologischen Sinn versteht man darunter die Fähigkeit, empfindsam und feinfühlig zu sein, d.h. Gefühls- und Sinnesreize aufzunehmen und verarbeiten zu können. Spiele zur sinnlichen Wahrnehmung und Sensibilisierung können helfen, Bedürfnisse, Gefühle und Standpunkte anderer Menschen bewusster wahrzunehmen, einzuschätzen und darauf einzugehen. Gleichzeitig erfahren die Spieler, wie sie sich selbst geben und wie andere auf sie reagieren. Durch die verschiedenen Spiele und die sich anschließenden Reflexionsmöglichkeiten können starre Reaktionsschemata anderen Menschen gegenüber abgebaut und soziale Empfindsamkeit und Vertrautheit aufgebaut werden.

Blinde Begegnungen

Material: Kassetten (CDs, Schallplatten) mit ruhiger Musik.
Spielintention: Vertrauen entwickeln, nonverbale Kommunikation, Kooperation, Abbau von Berührungsängsten.

Dieses Spiel ist etwas für Gruppen, die sich schon etwas besser kennen. Die Spielgruppe wird in Paare aufgeteilt, die nacheinander verschiedene Aufgaben ausführen:
– Der Blinde wird an beiden Händen und mit sprachlicher Unterstützung durch den Raum geführt.
– Ein Spieler führt seinen blinden Mitspieler so, dass sich verschiedene Figuren, größere und kleinere ergeben.

- Der Blinde wird nur mit der Hand geführt (ohne Sprache).
- Es besteht nur noch Kontakt über mehrere Fingerspitzen (die Partner stehen sich gegenüber).
- Der Blinde wird durch einen Summton des vorangehenden sehenden Partners geführt.
- Der Blinde geht allein durch den Raum. Der Sehende gibt seine Anweisungen deutlich von einer Raumseite aus.
- Der Sehende lässt den Blinden bestimmte Gegenstände im Raum ertasten, an Blumen riechen und geleitet ihn über verschiedene Hindernisse wie Stühle und Tische.
- Die Paare (Blinde und Sehende) tanzen und halten Kontakt mit den Händen. Auf ein Signal werden die Blinden von den Sehenden an andere Sehende weitergereicht.
- Jetzt sind alle Spieler blind und bewegen sich im Raum. Sie ertasten ihre Mitspieler (Hände, Gesichter, Haare usw.). Hierfür steht genügend Zeit zur Verfügung.

Am Ende sprechen die Spieler über ihre gemachten Erfahrungen.

Reflexion: Wie wurde das Blindsein erlebt? Wie wurde geführt? Welche Erfahrungen wurden beim Erfühlen gemacht?

Das Höhlenspiel

Hilfsmittel: Möglichst mehrere abgedunkelte Räume, in denen man sich verstecken kann.
Spielintention: Spannung, Spaß, Kontakte zu den Mitspielern.

Ein spannendes Spiel, das in etwas abgewandelter Form in Louis Malles Film »Pretty Baby« gespielt wurde. Je nach Anzahl der Räume können 6–30 Personen mitspielen. Wichtig ist, dass sich die Räume völlig verdunkeln lassen. Dann wird ein (!) Spieler ausgemacht, der drei Minuten Zeit hat, sich in einem der Räume zu verstecken. Nach etwa drei Minuten geht jeder für sich los, um den Versteckten zu suchen. Wenn ein Spieler eine Person entdeckt hat, sagt er nichts, sondern bleibt mäuschenstill und gesellt sich zu dieser Person. Jeder weitere, der das Versteck findet, macht es ebenso, bis ein armer Mitspieler allein herumirrt.

Besonders lustig wird es, wenn einige Spieler mogeln, indem sich z.B. ein Suchender irgendwo hinsetzt oder hinlegt und so tut, als sei er der Gesuchte. Je nach »Findigkeit« der Sucher kann das Spiel mehr oder minder lange dauern. Wer als Erster das Versteck findet, darf sich in einer nächsten Spielrunde als Erster verstecken. Das Spiel eignet sich besonders für dunkle Abendstunden.

Heulbojen

Spielintention: Wahrnehmungs- und Vertrauensübung, Abbau von Berührungsängsten.

Im Raum verteilt stehen mehrere Spieler, die erkennbar unterschiedliche Geräusche mit der Stimme oder mit Instrumenten erzeugen. Sie stellen die Bojen einer Hafeneinfahrt dar, die von einzelnen Schiffen, den Spielern, mit verbundenen bzw. geschlossenen Augen nacheinander angelaufen werden sollen.

Variation: Je zwei Spieler bilden durch Anfassen ein Schiff.

Lebensweg

Spielintention: Vertrauensübung, ungewöhnliche Erfahrung.

Unser Leben birgt viele Risiken, Aufregungen, Hindernisse, aber auch Spannendes und Geheimnisvolles. Durch manchen Lebensabschnitt scheinen wir blind hindurchgelaufen zu sein. Nicht ganz so riskant wie im wirklichen Leben geht es beim »Lebensweg« zu, den wir mit geschlossenen Augen gehen. Der Pfad wird aus allen Spielern bis auf einen gebildet, indem sie sich in zwei Reihen mit etwa 2 Metern Abstand und dem Gesicht zueinander aufstellen. Die Spieler halten ihre Hände nach vorne, um dem blinden Läufer gegebenenfalls die Richtung zu weisen, falls er von seinem »Lebensweg« abweicht und ins »Leere« geht. An einem Ende des Pfades stehen zwei Mitspieler, die dem Blindlauf ein sanftes Ende bereiten. Am anderen Ende steht der Läufer, der sich freut, den Weg mit voller Geschwindigkeit zu durchlaufen.

Schlange

Spielintention: Sensibilität, Vertrauensbildung, Kooperation.

Durch Anfassen an den Schultern oder Händen bilden die Gruppenmitglieder eine Schlange. Nur der Erste in der Schlange (in Anfangsphasen der Spielleiter) lässt die Augen geöffnet und führt die Schlange über vorhandene oder imaginäre Hindernisse, über Treppen, um Gegenstände herum, in engen Schleifen, auf Zehenspitzen, in der Hocke, unter Gegenständen hindurch. Es dürfen nur durch Berührung Signale weitergegeben werden!

Reflexion: Wie wurde geführt? Wie wurden die Signale weitergegeben und aufgenommen? Wie sicher fühlten sich die Geführten?

Energie und Aura

Material: Augenbinden.
Spielintention: Sanfte Wahrnehmungsübung.

Für dieses ansteckende Spiel stellen sich jeweils zwei Spieler einander gegenüber, legen die Handflächen aneinander und schließen die Augen (besser sind Augenbinden). Sie können jetzt versuchen, die Energie, die dabei entsteht, zu spüren.

Danach lassen die beiden Spieler die Hände sinken und drehen sich je dreimal um sich selbst. Anschließend versuchen sie, ohne die Augen zu öffnen, das Energiefeld und die Handflächen wieder zu finden. Wem gelingt es sofort, ohne andere Berührungen, die Handflächen wieder aufeinander zu bekommen?

Schneckenhaus

Material: Eventuell Kassettenrekorder mit ruhiger Musik.
Spielintention: Behutsames miteinander Umgehen, Sensibilität, sich ohne Sprache mitteilen, spontane Reaktionen.

Bei diesem Spiel müssen die Teilnehmer sehr behutsam miteinander umgehen. Jeder Teilnehmer sucht sich einen Partner, zu dem er

Vertrauen hat. Der eine ist jetzt eine »Schnecke«, die eine fest geschlossene Körperhaltung am Boden einnimmt. Der andere soll die Schnecke aus ihrem imaginären Schneckenhaus herauslocken, ohne sich dabei der Sprache zu bedienen. Um sich möglichst intensiv in die Schnecke hineindenken zu können, erhalten die Teilnehmer hierfür genügend Zeit. Die Paare entscheiden selbst das Ende des Spiels und tauschen dann ihre Rollen. Es können auch die Spielpartner mehrmals gewechselt werden. Zum Schluss wird z.B. darüber gesprochen, wie schwer es war, sich abzukapseln, wodurch sich die Schnecke locken ließ, auf welche Impulse reagiert wurde, wie einfühlsam der Partner war usw ....

Personenbeschreibung

Spielintention: Bewusste Wahrnehmung.

Alle Spieler sitzen im Kreis mit dem Rücken nach innen. Ein Mitspieler geht langsam im Außenkreis herum und schaut alle prüfend an. Dann beginnt er einen Teilnehmer zu beschreiben, ohne ihn durch Blicke zu fixieren. Die unauffälligen Kennzeichen nennt er zuerst, die auffälligen erst am Schluss. Die Teilnehmer sollen sich während des Spiels nicht umdrehen, sondern geradeaus sehen. Wie bewusst nimmt der Einzelne seine Mitspieler wahr?

Schau dir in die Augen!

Material: Je Spieler ein Spiegel.
Spielintention: Lernen, sich selbst zu achten, lieben und anzunehmen.

Eine schöne spielerische Übung für jeden, der sich selbst verändern möchte. Es wird kein Partner benötigt. Lediglich ein Spiegel sollte zur Hand sein. Selbstanweisungen sind:
»Schaue dir 30 Sekunden in die Augen.«/»Atme ruhig und tief durch.«/»Lege die rechte Hand aufs Herz.« (Es verbindet dich mit deinem Selbst und beruhigt.)/»Sprich die folgenden Bejahungen sehr langsam, bewusst und mit Überzeugung, damit sie tief in dei-

ne Persönlichkeit eindringen können.«/»Wähle Bejahungen wie: ›Ich liebe mich.‹/›Ich habe Ängste. Es ist in Ordnung, Ängste zu haben, und ich werde sie überwinden.‹/›Ich besitze Fähigkeiten.‹/›Ich bin ein wertvoller Mensch.‹/›Ich habe das Recht, eigene Spielregeln für mein Leben zu entwickeln.‹«

Diese anfänglich schwierig wirkenden Bejahungen können zur täglichen 5-Minuten-Übung werden und langfristig zu Verhaltensänderungen führen.

Selbst- und Fremdwahrnehmung

Material: Schreibzeug, Papier.
Spielintention: Sich näher kommen, soziale Distanz verringern, Rückmeldung erhalten.

Um das Bewusstmachen verschiedener vermuteter Fremdbilder und den Austausch von Eindrücken zum Selbstbild in der Gruppe geht es bei diesem Spiel.

In der 1. Spielphase beantwortet jeder Teilnehmer für sich selbst folgende Fragen:
– Wie sehe ich mich selbst? (Max. 5 Aussagen notieren.)
– Wie sehen (sahen) mich meine Eltern? (Max. 5 Aussagen notieren.)
– Wie sehen mich gute Freunde? (Max. 5 Aussagen notieren.)
In der 2. Spielphase werden in Vierergruppen die Fragen nacheinander besprochen, wobei auch Gründe genannt werden sollen.

Party-Anzeige

Material: Papier und Schreibstift.
Spielintention: Wahrnehmung des anderen, Fremdeinschätzung und Selbsteinschätzung.

Für dieses Spiel sollten sich die Teilnehmer bereits etwas länger kennen. – Wir wollen eine Party feiern. Das Problem ist nur, dass alle Freunde und Bekannten, die man hierzu einladen könnte, verhindert sind. Jeder Spieler gibt deshalb eine »Zeitungsanzeige« auf, in der er sich als Gastgeber vorstellt und seine Wünsche bezüglich der einzuladenden Gäste äußert. Dabei sollen die Spieler nicht für sich selbst, sondern für einen beliebigen Mitspieler aus der Gruppe eine Annonce aufgeben, die diesen möglichst genau charakterisiert und seine Wünsche wiedergibt. Sind alle Teilnehmer fertig, werden die »Zeitungsanzeigen« vom Spielleiter eingesammelt und vorgelesen. Der Beschriebene soll versuchen, sich zu erkennen und dieses der Gruppe mitzuteilen, wobei er gleichzeitig den Verfasser der Party-Anzeige nennen soll.

Reflexion: Erkenne ich mich in der Anzeige wieder? Was hat den Verfasser der Party-Anzeige zu seinen Aussagen bewegt?

Eigene Kräfte spüren

Spielintention: Bewusste Körperwahrnehmung.

Wer seine eigene Kraft bewusst spüren will, wählt sich einen Partner, der etwa genauso schwer ist wie man selbst. Beide Spieler stellen sich nun Rücken an Rücken und fassen sich bei den Händen. Jetzt passen sie sich rückwärts gegeneinander an: Gesäß an Gesäß, Rücken gegen Rücken, Hände gegen Hände. Die Spieler achten darauf, dass niemand stürzt, halten Bodenkontakt und setzen ihre Beine kräftig ein, ohne dem anderen wehzutun. Die körperliche Wahrnehmungsübung kann 2–3 Minuten dauern. Danach tauschen sich die Partner über die gemachten Erfahrungen aus.

Blickkontakt

Material: Eventuell entspannende Musik.
Spielintention: Aufmerksame Wahrnehmung des Partners.

Jeweils zwei Teilnehmer setzen sich gegenüber und sehen sich schweigend an. Der Spielleiter gibt die Anweisung: »Betrachtet einige Zeit eure Gesichter und versucht, den anderen wirklich zu sehen. Es soll kein gegenseitiges Anstarren sein. Schaut bitte euren Partner an und nehmt alle Einzelheiten seines Gesichts wahr – die Farben,

Formen, Linien; seht, ob sein Gesicht bewegt ist oder nicht. Nehmt den anderen wirklich wahr!« Nach ca. 5 Minuten erfolgt ein Zweier-Gespräch über die soeben gemachten Wahrnehmungen, danach kurze gemeinsame Besprechung in der Gruppe.

Reflexion: Welche Empfindungen gingen in mir vor? Was machte es mir schwer, den Partner mit voller Aufmerksamkeit zu betrachten? Wie reagiere ich auf den intensiven Blickkontakt?

Blindfahrt

Spielintention: Vertrauensübung, Kooperation, Orientierung unter Weglassung des Sehsinns, Spaß.

Auch ohne Führerscheinbesitzer zu sein, darf man an dieser »Blindfahrt« teilnehmen. Jeder Spieler sucht sich hierfür einen Partner. Einer legt von hinten die Hände auf die Schulter des anderen. Der vordere Spieler ist das Auto. Er streckt seine Arme mit hochgeklappten Händen als Stoßstange aus, während er gleichzeitig die Augen schließt. Der Wagenlenker steuert sein Auto an den Schultern geschickt durch den Verkehr, möglichst ohne mit anderen zusammenzustoßen. Nach einer gewissen Zeit bleiben alle stehen und tauschen die Rollen. Bei ungerader Teilnehmerzahl können sich auch drei Spieler zu einem Dreiradauto zusammenschließen oder mehrere Autos zu einem großen Bus.

Stumme Unterhaltung

Spielintention: Bewusstes Erleben nichtsprachlicher Ausdrucksmöglichkeiten, Wahrnehmungs- und Beobachtungsübung.

Dieses Spiel macht deutlich, wie wenig im Allgemeinen bei Gesprächen auf die Möglichkeiten des körperlichen Ausdrucks von Wünschen und Mitteilungen geachtet wird.

Das Spiel wird nonverbal und unter Verzicht auf jegliche Geräusche durchgeführt. Jeder Teilnehmer versucht, dem oder den anderen ausschließlich durch Gesten, Mimik und Körperbewegungen seine Meinung oder Wünsche klarzumachen. Als Themen eignen sich besonders die Anordnung von Gegenständen im Raum oder die Sitzordnung. Bei Veränderungsabsichten wird es unterschiedliche Wünsche und Auffassungen geben. Die Lösungen sind ebenfalls durch Gesten, Bewegungen und Berührungen auszudrücken.

Handdialog

Material: Musik vom Kassettenrekorder.
Spielintention: Sensibilisierung, Kooperation, Wahrnehmung.

Je zwei Teilnehmer sitzen sich gegenüber und schauen sich schweigend an. Der Spielleiter: »Hebt die Hände etwa in Augenhöhe und berührt die Hände des Partners … Während ihr euch weiterhin in die Augen seht, richtet ihr die Aufmerksamkeit auf die Hände, die nun eine Beziehung zum Partner aufnehmen sollen …« Auf diese Art »unterhalten« sich still für etwa 3 Minuten die Augen und Hände. Die »Unterhaltung« wird langsam beendet, die Partner schließen für kurze Zeit die Augen und sprechen dann über das Spiel.

Reflexion: Welche Empfindungen wurden ausgedrückt?
Variation: Je zwei Spieler sitzen mit geschlossenen Augen einander gegenüber, sodass sich ihre Hände berühren können. In Entsprechung zur Musik versuchen sie nun gemeinsam, mit den Händen Bewegungen auszudrücken.

Händchengeben

Spielintention: Bewusste Wahrnehmung, Freude am Raten.

Für dieses Spiel schließt ein Teilnehmer die Augen bzw. lässt sie sich verbinden. Der Reihe nach geben ihm alle Mitspieler die Hand, und er muss erfühlen, welches die Hand der Freundin/des Freundes oder einer vorher aus der Spielgruppe bestimmten Person war.

Gesichter erfühlen

Spielintention: Körpererfahrung, Berührungsängste abbauen.

Die Spielgruppe wird in Kleingruppen zu 5 bis 6 Mitgliedern aufgeteilt. Jede Kleingruppe sitzt im Kreis. Die Mitglieder versuchen, sich die Gesichter ihrer Gruppenpartner möglichst genau einzuprägen. Anschließend schließt ein Mitglied die Augen, ein anderer Teilnehmer der Gruppe setzt sich leise vor den Partner und legt dessen Hände auf sein Gesicht. Der »Blinde« soll nun durch Befühlen des Gesichtes erraten, um welche Person es sich handelt.

In der abschließenden Besprechung der Übung sollte über die Gefühle der Teilnehmer gegenüber dieser Art von Körperkontakt gesprochen werden. Trotz des relativ einfachen Charakters der Übung entstehen oft intensive, meist angenehme Empfindungen.

Ich spüre mein Gesicht

Spielintention: Körpererfahrung, hier Bewusstmachung des Gesichtes, Hautwahrnehmung.

Ein schönes, sehr sensitives Spiel, für das sich die Gruppe in einen Stuhlkreis setzt. Jeder Teilnehmer sitzt mit leicht nach hinten fallen gelassenem Kopf auf seinem Stuhl. Die Hände liegen locker auf den Oberschenkeln. Die Spielleitung spricht mit ruhiger Stimme und lässt den Teilnehmern genügend Zeit, ihr Gesicht zu spüren und zu erleben. Nacheinander gibt die Spielleitung folgende Anweisungen:
»Schließt eure Augen.«/»Hebt langsam eure Arme und streicht mit den Fingerspitzen über eure Stirn.«/»Geht langsam über eure Augenbrauen, Augenlider und Wimpern zu eurer Nasenwurzel.«/»Jetzt über die Nase und die Wangen langsam über die Lippen zum Kinn.«/»Es geht weiter zu den Ohren. Wie fühlen sie sich an? Ihr fühlt eure Ohrmuscheln und die Ohrläppchen.«/»Langsam geht es am Hinterkopf hinauf zu den Haaren. Erlebt, wie sie sich anfühlen.«
Am Ende sprechen wir gemeinsam darüber, wie die einzelnen Gesichtsberührungen empfunden wurden.

Fußdialog

Spielintention: Sensibilisierung, Erleben körperlicher Nähe, Hautwahrnehmung.

Die Teilnehmer finden sich in Vierergruppen (2 weibliche/2 männliche Spieler) zusammen und setzen sich auf dem Teppichboden einander gegenüber. Für dieses Spiel müssen Schuhe und Strümpfe
ausgezogen werden. Jetzt beginnen die Teilnehmer, sich mit ihren
Füßen zu unterhalten. Der Spielleiter gibt Anweisungen:
»Nehmt eure Füße ganz zurück und geht nun langsam mit den
Füßen aufeinander zu wie vier Wanderer, die sich irgendwo in der
Natur begegnen …«/»Stellt euch jetzt vor, es ist Winter. Eure Füße
sind eiskalt. Lasst die Füße aufeinander zugehen und sich gegenseitig etwas wärmen …«/»Stellt euch vor, eure Füße seien streitlustig.
Sie gehen aufeinander zu und rangeln ein wenig untereinander.«/»Denkt euch jetzt etwas aus, wozu ihr Lust habt und führt es
mit euren Füßen aus.«/»Verabschiedet euch nun mit euren Füßen
von euren Mitspielern, wie ihr es gerne möchtet.«
Zwischen jeder neuen Anweisung werden die Füße wieder zu-
rückgenommen. Das Spiel dauert etwa 10 Minuten. Am Ende wird
über Eindrücke und Gefühle gesprochen.

Persönliche Räume

Spielintention: Sensibilisierung, körperliche Kontaktaufnahme.

Manche Menschen finden es unangenehm oder dringen nur vorsichtig in den Bereich eines anderen Menschen ein aus der Befürch-
tung, sie seien unerwünscht. Wieder andere suchen bewusst nach
körperlichen Kontakten. Die Teilnehmer werden von der Spielleitung gebeten, nahe zusammenzurücken. Dann sollen sie die Augen
schließen, die Hände ausstrecken und »ihren persönlichen Raum«
fühlen, und zwar den gesamten Raum vor ihnen, hinter ihnen und
unter ihnen. Jetzt sollen die Teilnehmer, ohne zu sprechen, untereinander in Kontakt treten, indem sie ihre Hände überkreuzen und

berühren. Sie sollen sich dabei ihrer Gefühle bewusst werden, wenn sie in einen anderen Raum eindringen.

Reflexion: Gespräch über Gefühle und Eindrücke bei der Übung.

Gruppenmittelpunkt

Spielintention: Distanz und Nähe erleben, Rückmeldung erhalten.

Wie fühle ich mich in dieser Gruppe? Wie eng ist der Kontakt zu den Einzelnen? Ein einfaches Spiel kann hier mehr als alle Worte ausdrücken. Die Gruppe bildet einen Kreis, aber ohne sich dabei anzufassen. Die Gruppenmitglieder schließen die Augen und stellen sich vor, die Mitte des Kreises symbolisiere für sie den Ort der größten Intimität mit der Gruppe. Jetzt soll jeder in Gedanken auf diese Mitte zugehen. Wie nahe möchte man dem Punkt der größten Gruppenintimität sein? Fühlt man sich völlig in der Gruppe geborgen oder distanziert man sich eher von ihr? Dann öffnen alle die Augen, gehen auf die Gruppenmitte zu und bleiben in einer Entfernung stehen, die das vorher empfundene Verhältnis zur Gruppe symbolisieren soll.

Reflexion: Wie habe ich mich bei diesem Spiel gefühlt? War ich unsicher?

Frühstück bei Tiffany

Material: Vielseitige Esswaren und Getränke, die sich unterscheiden in Geschmack, Geruch und Beschaffenheit, sind zu diesem Spiel mitzubringen.
Spielintention: Bewusstes Genießen, sich verwöhnen lassen, intensiv riechen und schmecken.

Wir bilden Spielpaare. Ein Partner begibt sich in eine besonders bequeme Lage, in der er zu speisen und zu trinken gedenkt, und schließt in freudiger Vorerwartung seine Augen. Sein Partner wird ihn in der nächsten Zeit mit allem versorgen, was an Getränken und Lebensmitteln zur Verfügung steht und wonach ihm der

Wunsch ist. Jeder kleine Happen soll möglichst intensiv genossen werden. Der Essgenuss wird je nach Wunsch durch Riechen und kurzes Vorschmecken vorbereitet und ebenfalls je nach Wunsch

durch Neues ergänzt oder ersetzt. Der erste Teil der Übung endet, wenn der »Speisende« keine Wünsche mehr äußert. Damit beim Wechsel der Partner noch genügend zu essen und zu trinken übrig bleibt, empfiehlt sich, schon zu Beginn des »Frühstücks« einen Teil der Lebensmittel für den 2. Durchgang beiseite zu stellen.

Sensorenspiel

Spielintention: Orientierung, Konzentration, Sensibilisierung.

Die Teilnehmer stehen verteilt im Raum. Sie übernehmen die Funktion von empfindlichen Sensoren, die ein Summgeräusch von sich geben. Einem Mitspieler werden die Augen verbunden. Er hat die Aufgabe, von einer Seite des Raumes auf die andere zu gelangen, ohne einen der Sensoren zu berühren. Die Lautstärke der Sensoren steigert sich, je näher ihnen der »blinde« Spieler kommt.

Hinweis: Teilnehmer mit Kreislaufbeschwerden sollten sich nicht die Augen für längere Zeit verbinden lassen!
Reflexion: Was haben die »blinden« Spieler empfunden? Wie wurden die Geräusche erlebt?

Pendeln

Spielintention: Förderung des Vertrauens des Einzelnen zur Gruppe.

Bei diesem Spiel geht es darum, einem in der Kreismitte stehenden Mitspieler das Erlebnis von Vertrauen zu vermitteln. Deshalb wird mit ihm nicht grob umgegangen; es wird nicht gesprochen und nicht gelacht. Es werden Gruppen von 7–8 etwa gleich großen Mitgliedern gebildet, die sich im Kreis aufstellen. Ein Teilnehmer stellt sich möglichst entspannt in die Mitte, schließt die Augen und hält den Körper gerade. Seine Füße stehen dicht nebeneinander. Der in der Mitte Stehende soll nun nach einer Seite schwingen und ein Mitspieler aus dem Kreis soll ihn sanft auffangen. In Pendelbewegungen schwingt das Mitglied in der Gruppe hin und her. Das Spiel endet, wenn der in der Mitte stehende Spieler die Augen öffnet.

Hinweis: Um Teilnehmern ein Gefühl der Sicherheit zu geben, muss der Kreis eng sein. Mit wachsendem Zutrauen kann der Kreis erweitert werden.
Reflexion: Was wurde beobachtet? War ich entspannt? War die Gruppe fürsorglich? Warum war ich unsicher?

Energie und Schwingungen

Spielintention: Eine gute Stimmung erzeugen vor Beginn einer Spielrunde, Sensibilisierung.

Dieses Spiel eignet sich gut für den Beginn einer Spielrunde. Es wird ein Kreis von etwa 6–8 Teilnehmern gebildet, die sich sanft an den Händen fassen. Alle schließen dann die Augen und versuchen sich vorzustellen, dass ein Strom im Kreis herumläuft. Der Spielleiter: »Versucht zu spüren, wie der Strom in eure rechte Hand eintritt und durch die linke Hand wieder verlässt.« Der »Strom« sollte als ausschließlich positiv empfunden werden und alles in sich vereinigen, was an guter Energie in der Gruppe vorhanden ist.

Paketpost

Material: 1 langes Seil.
Spielintention: Abbau von Berührungsängsten, Körperkontakt, Kooperation, Problemlösungsstrategien entwickeln.

Das Spiel erfordert ein gewisses Maß an gegenseitiger Abstimmung und Taktik. Alle Teilnehmer stellen sich eng zusammen. Die Spielleitung bindet um sie herum möglichst eng ein Seil. Aufgabe der Gruppe ist es, als »geschnürtes Paket« so schnell wie möglich von einem Ort A zu einem Ort B zu gelangen.

Variation: Zellbewegung: Die Spieler stellen sich im Kreis Rücken an Rücken auf und bilden eine »Zelle«. So bewegen sie sich über die Spielfläche, sorgfältig aufeinander abgestimmt, vorwärts.

Das Sympathiespiel

Material: 1 Flasche.
Spielintention: Nonverbal Sympathie ausdrücken, Sympathiebekundung erfahren (annehmen/ablehnen), Gespräch über Sympathie, Sensibilität.

Dieses Spiel bietet einer Gruppe, die sich schon etwas besser kennt, die Möglichkeit, nonverbal Sympathie auszudrücken und zu erfahren. Die Teilnehmer sitzen im Kreis, in dessen Mitte eine leere Flasche liegt. Die Spielleitung dreht die Flasche mit Schwung um die Querachse und lässt sie ausdrehen. Derjenige, auf den der Flaschenhals zeigt, darf jemanden umarmen, streicheln oder ihm/ihr einen Kuss geben. Mögliche Variationen hängen von der Gruppe ab. Wer gewählt wurde, setzt als Nächster die Flasche in Bewegung.

Wie verhalten sich die einzelnen Spieler, wenn sie aktiv werden müssen? Wie reagieren die Gewählten? Fällt es schwer, Kontakt aufzunehmen? Ist jemand mehrfach gewählt worden? Hat sich jemand abgelehnt gefühlt? Fragen wie diese können sowohl Beobachtungs- und Auswertungshilfe als auch Anlass für ein Gespräch am Ende des Spiels sein. Gespielt wird, solange es der Gruppe Spaß macht.

Elektrische Ströme

Spielintention: Kooperation, Abbau von Berührungsängsten, Kontakt zu den Mitspielern.

Ein Spieler verlässt den Raum. Die anderen sitzen in einem großen Stuhlkreis und fassen sich an den Händen an. Eine Stelle dieses geschlossenen »Stromkreises« ist defekt. Die Spieler einigen sich auf eine Stelle, z.B. auf den rechten Unterarm von »Sabine«. Der zuvor hinausgeschickte Mitspieler muss diese Stelle finden, indem er ein »Leitungsstück«, z.B. von »Bernds« linkem Oberarm bis »Annas« rechtem Unterarm »durchmisst«, nämlich »Bernds« Oberarm und »Annas« Unterarm anfasst, einen »Messton« (»tüüüt«) durch die Leitung schickt, den die Teilnehmer dann weitergeben, sofern sie kein defektes Leitungsstück haben. Wird ein »defektes Leitungsstück« durchgemessen, geben die Teilnehmer den Messton nicht weiter. So kann der »Elektriker« langsam das defekte Stück einkreisen. Bei unserem Beispiel wäre es gefunden, wenn man die Strecke rechte Hand/rechter Unterarm von »Sabine« durchmisst. Nach einem Spieldurchgang wird wieder ein Spieler hinausgeschickt und ein anderes Körperteil als »defekte Stelle« bestimmt.

Gespräch ohne Blickkontakt

Spielintention: Erlebnis, ein Gespräch ohne Blickkontakt zu führen (»Telefoneffekt«), Vorstellungsvermögen.

Je zwei Spieler sitzen Rücken an Rücken im Raum verteilt auf dem Fußboden. Die Augen sind geschlossen. Der Spielleiter bittet die

Paare, sich zu unterhalten. Das Gespräch wird von einem der beiden Partner bestimmt.

Reflexion: Worüber wurde gesprochen? Wie wurde die Situation erlebt? Fiel es leichter, bestimmte Mitteilungen zu machen? Wer war im Gespräch der dominierende Partner?

Schwerelos

Spielintention: Körperwahrnehmung, Konzentration

Nicht um etwas Außergewöhnliches, sondern um das Aktivieren innerer Kräfte und um ein normales Anspannen von Muskeln geht es bei dieser immer wieder verblüffenden Übung. Notwendig sind gedämpftes Licht und absolute Stille. Eine Person sitzt auf einem Stuhl. Vier Personen legen ihre rechte Hand übereinander auf den Kopf des Sitzenden. Sie schließen die Augen und ein weiterer Spieler zählt langsam bis 30. Alle Beteiligten sollen lang und tief atmen und sich auf die sitzende Person konzentrieren. Nach der Zahl 30 greifen die vier mit ihrem Zeigefinger unter die Stuhlsitzfläche und heben den Stuhl samt Daraufsitzendem mühelos in die Höhe. Bei einem Scheitern weitere Versuche anstellen und eventuell für mehr Ruhe und gedämpftes Licht sorgen.

Do it

Material: Kassettenrekorder oder Musikinstrument.
Spielintention: Kontakt und Zutrauen zur Gruppe soll sich entwickeln.

Der Spielleiter sorgt für Musik (Kassette) und bittet die einzelnen Teilnehmer, im Takt durch den Raum zu gehen. Sie sollen sich einen oder mehrere Partner suchen und gemeinsam im Rhythmus der Musik weitergehen. Wird die Musik abgebrochen, bleiben die Spieler unbeweglich stehen. Spielt sie weiter, werden neue Aufgaben von den Paaren bzw. Kleingruppen ausgeführt (z.B.: Geht auf Zehenspitzen! – Setzt euch hin! – Legt euch schnell auf den Boden! – Kauert euch eng zusammen! – Stellt euch auf einen Stuhl!).

Körperlicher und sprachlicher Ausdruck – Selbstdarstellung

Unter »Ausdruck« verstehen wir eine Fülle unterschiedlicher Vorgänge, wie z.b. Lachen, Weinen, Gebärden, Bewegungen, Sprechen, Handschrift, Zeichnung und Symbol.

Die Körpersprache gilt als Ausdruck unserer Persönlichkeit und als Spiegel unserer inneren Verfassung. Unsere Wortsprache macht es möglich, Gefühle und Bedürfnisse klar auszudrücken. Sie informiert, sozialisiert und entscheidet über unsere Teilhabe am gesellschaftlichen und kulturellen Leben. Im Alltag vermischen sich Wort- und Körpersprache.

Gefühlszustände wie Freude, Ärger oder Sympathie lassen sich deutlich ausdrücken. Jeder Mensch ist von sich aus in der Lage, diese Ausdrucksformen zu zeigen. Häufig werden sie jedoch durch äußere Zwänge, die Selbstbeherrschung verlangen, unterdrückt. Oberflächliche, höfliche Floskeln verdecken, was innerlich empfunden wird. Durch diese Versachlichung im Umgang miteinander geht ein großer Teil an Menschlichkeit verloren. Da jeder Mensch Emotionen hat, soll ihm auch die Möglichkeit gegeben werden, sie auszudrücken.

Die folgenden Kommunikationsspiele machen den Teilnehmern die Vielfalt körperlicher und sprachlicher Ausdrucksmöglichkeiten bewusst. Bei einer Reihe von Spielen können die Teilnehmer eigene indirekte Gefühlsäußerungen in direkte übersetzen. Im Wechselspiel dieser Aus- und Eindrücke lernen wir so eigene und fremde Verhaltensweisen besser kennen und verstehen.

Signale senden

Material: Kassettenrekorder, Kassetten (mit beschwingter Musik).
Intention: Körpersprache, nonverbale Signale deuten, Körperkontakt, Hemmungen überwinden, Spaß.

Bis auf zwei Mitspieler sitzen alle Teilnehmer im Kreis. Die beiden gehen im Kreis herum. Die Spielleitung lässt Kassettenmusik erklingen. Unangekündigt unterbricht die Musik. Die im Kreis sitzenden Spieler versuchen pantomimisch deutlich zu machen, ob sich einer der beiden im Kreis umherirrenden Mitspieler auf ihren Schoß setzen darf oder nicht. Wortlos soll zum Ausdruck gebracht werden, dass man den einen aus dem Kreisinnern gern, den anderen jedoch weniger gern auf seinem Schoß hätte. Dabei kommt es zu Missverständnissen, leichten Frustrationen, aber auch zu ausgelassener Heiterkeit. Das geht so lange, bis ein Spieler aus dem Kreisinnern bei einem außen Sitzenden richtig »angekommen« ist.

Wessen Signale als Einladung richtig verstanden wurden, darf in den Kreis, während sich sein glücklicher Partner aus dem Inneren des Kreises jetzt ausruhen darf. Gespielt wird so lange, wie es den Teilnehmern Spaß bringt.

Stumme Konversation

Material: Vorbereitete Zettel mit Aufgabenstellungen.
Spielintention: Gebärdensprache, Ideen umsetzen, Darstellungsfähigkeit, Originalität, genaues Beobachten, Ratespaß.

Die Spielgruppe wird in 2 bis 4 Untergruppen eingeteilt, die miteinander um die Wette raten. Für jede richtig geratene Darstellung gibt es einen Punkt. Ein Spieler nach dem anderen kommt nach vorne. Dort erhält er von der Spielleitung einen Zettel mit der Aufgabe, die pantomimisch auszuführen ist. Beispiele:
– Frage einen Mitspieler, ob er mit ins Kino kommt.
– Teile einem Spieler mit, dass du Kopfschmerzen hast und eine Tablette benötigst.

- Gib einem Baby die Flasche, bei der ständig der Sauger verstopft ist.
- Bitte einen Mitspieler, dir eine Pizza und einen Salat zu holen.
- Erkläre einem Mitspieler, dass er seine Jacke (Schuhe oder Pullover) ausziehen soll.
- Teile jemandem mit, dass du deine Brille verlegt hast.

Begrüßungsrituale

Spielintention: Erleben fehlender Ausdrucksmöglichkeiten, Entwickeln alternativer Begrüßungsformen, Gespräch über das Erlebte und alltägliche Begrüßungsrituale.

Um das Bewusstmachen von Begrüßungsformen und gewohnheitsmäßigem Verhalten geht es bei diesem kleinen Spiel. Die Teilnehmer werden gebeten, im Raum umherzugehen und sich zu begrüßen, aber hierbei weder die Stimme noch die Hände einzusetzen.

Pärchen

Material: Vorbereitete Zettel.
Spielintention: Darstellungsfähigkeit, Originalität, Körpersprache.

Jeder Mitspieler erhält einen Zettel, auf dem ein Tiername geschrieben oder ein Tier abgebildet ist. Es gibt immer zwei gleiche Tiere. Alle Spieler gehen oder laufen nach Erhalt ihres Zettels durch den Raum. Auf ein verabredetes Zeichen hin fangen alle an, ihr Tier pantomimisch darzustellen. Aufgabe eines jeden Spielers ist es, den Partner mit demselben Tier zu finden. Tiere können sein: Hühner, Gorillas, Schildkröten, Katzen, Bären, Fledermäuse, Stachelschweine, Papageien …

Standbilder

Spielintention: Darstellungs- und Beobachtungsfähigkeit, Originalität.

Die Spielgruppe wird in mehrere Kleingruppen aufgeteilt. Jede von ihnen soll statisch eine Szene aus einem Film oder ein Ereignis z.b. aus der Weltgeschichte, Literatur oder Politik darstellen.

Die Akteure spielen nicht, sondern bauen sich zu einer Szene auf, wie wir sie vom Wachsfigurenkabinett her kennen (z.b. Wilhelm Tells Apfelschuss). So verharren sie bewegungslos. Der Szenenausschnitt wird erraten oder erhält einen Titel. Die das Bild stellenden Personen antworten auf Fragen der anderen Teilnehmer.

Das Kulissenspiel

Spielintention: Darstellungsfreude, Ideen umsetzen.

Hatten wir es eben noch mit Standbildern zu tun, so wird es jetzt sehr lebendig. Dafür denkt sich ein Spieler für die ganze Gruppe eine Situation als Spielaufgabe aus, zum Beispiel Zahnarzt und Zahnarztzimmer. Ein Mitspieler beginnt, indem er sich als Patient auf einen Stuhl setzt. Der zweite Spieler stellt sich daneben und spielt den Bohrer usw. Dies dauert so lange, bis alle Spieler als Kulisse eingesetzt sind. Im Mittelpunkt dieses Spiel steht also nicht die Handlung, sondern die angemessene Gestaltung einer Umgebung. Weiterer Vorschlag: Beim Modefotografen.

Gefühle zeigen

Material: Pro Teilnehmer ein Zettel, auf dem ein Gefühl aufgeschrieben ist (z.B. Freude, Trauer, Zärtlichkeit, Angst, Ratlosigkeit, Stolz, Neugierde, Wut).
Spielintention: Sich nonverbal ausdrücken können, Sinn für Mimik, Gestik und Körperhaltung entwickeln.

Die Spieler ziehen je einen Zettel. Jeder stellt das aufgeschriebene Gefühl dar, während die Gruppe herausfindet, um welches Gefühl es sich dabei handelt.

Variation: Die Spieler stehen sich in zwei Reihen gegenüber und sehen sich konzentriert an. Nach einer Weile drehen sie sich den Rücken zu und versuchen mit Körperhaltung, Mimik und Gestik einen von der Spielleitung genannten Gefühlszustand auszudrücken. Auf ein Zeichen drehen sich alle wieder einander zu und zeigen sich gegenseitig neue »Gefühlshaltungen«.

Beine machen

Material: Vorbereitete Zettel.
Spielintention: Kontakt zum Mitspieler, Ideen umsetzen, körperlicher Ausdruck.

Sprichwörtlich geht es bei diesem Spiel zu. Alle Mitspieler gehen durch den Raum und halten Blickkontakt. Plötzlich ruft die Spielleitung ein Sprichwort in den Raum, das von allen Spielern wörtlich zu nehmen ist.

Einige Beispiele: Jemand auf den Arm nehmen/jemand über die Löffel balbieren/jemand aufs Kreuz legen/jemand die kalte Schulter zeigen/jemand Beine machen/jemand hinters Licht führen/jemand die Zähne zeigen/jemand mitreißen/jemand wachrütteln/jemand auf die Sprünge helfen.

Weitere Anregungen finden sich in jedem Sprichwörterbuch.

Blick in den Spiegel

Spielintention: Genaues Beobachten, Kooperation, mimischer Ausdruck, einfühlsames Verhalten.

»Bin ich's oder bin ich's nicht?« Wer hat sich diese Frage nicht schon einmal beim morgendlichen Blick in den Spiegel gestellt. Für unser kleines Spiel stellen sich die Teilnehmer paarweise im Abstand von etwa 1 Meter frontal gegenüber. Einer der beiden Partner stellt den Spiegel dar, der andere benutzt den Spiegel und umgekehrt. Der »Spiegel« muss dabei die Bewegungen des Spiegelbenutzers nachahmen. Dabei ist zu beachten, dass der Spiegel ein virtuelles Bild erzeugt, bei dem rechts und links vertauscht sind. Die Bewegungen sollten in Zeitlupe ablaufen und die Spieler Augenkontakt zum Partner halten.

Spiegelkabinett

Material: Musik.
Spielintention: Übung körperlicher Ausdrucksmöglichkeiten, genaues Beobachten.

In der Mitte des Raumes bewegt sich ein Spieler langsam zur Musik. Um ihn herum stehen mehrere Mitspieler als »Spiegel«. Jeder versucht, den Tänzer so spiegelbildlich nachzuahmen, wie er ihn aus seiner Perspektive sieht.

Notlandung in Fantasia

Material: Eventuell Stühle (als Flugzeugsitze).

Spielintention: Freude am Darstellen, körperlich-mimischer Ausdruck, Aktion, Bewegung, Kontaktaufnahme.

Alle Spieler besteigen ein Flugzeug. Es hebt ab. Wir fliegen. Das Flugzeug wird von leichten Windböen erfasst. Aus dem Cockpit kommt die Mitteilung, dass die Maschine durch ein Luftloch fliegt. Wir sacken ab. Das Unwetter nimmt zu. Die Piloten entschließen sich zu einer Notlandung. Alle Passagiere schnallen sich an. Holpernd jagt das Flugzeug über ein Stoppelfeld. Wir befinden uns in einem völlig unbekannten Land. Die Passagiere steigen aus dem Flugzeug. Alles sieht merkwürdig aus und riecht ganz fremd. Langsam nähern wir uns einer Stadt mit ungewöhnlichen Straßen. Dort gibt es z.B. die Spring- und Hüpfstraße, die Lachstraße, Kitzelstraße, Umarmungsstraße, Rückenkraulstraße, Anrempelstraße und andere mehr. Alle Aktionen können sowohl pantomimisch als auch sprachlich ausgeführt werden. Eine »Reiseleitung« kann als Regisseur/in durch das Spiel führen.

Telegramm

Spielintention: Erleben verschiedener Kommunikationsmöglichkeiten.

Je zwei Spieler setzen sich gegenüber und schauen einander an. Jeder sagt dem anderen, was er an ihm wahrnimmt. Der Spieler gibt die Anweisungen:
– »Drückt die Wahrnehmung in einzelnen Wörtern aus …« (1 Min.)
– »Keine Wörter mehr, nur noch Laute …« (1 Min.)
– »Nur noch mimisch …« (1 Min.)
– »Wieder einzelne Wörter …« (1 Min.)
– »Vollständige Sätze …« (1 Min.)
Reflexion: Die Spielpaare sprechen über die erlebten Eindrücke.

Rundgespräch

Spielintention: Beobachtung, Sensibilisierung, Meinungen erfahren.

Die Spielgruppe sollte sich bereits etwas kennen. Der Spielleiter teilt in zwei gleich große Gruppen auf: eine aktive Innengruppe, die über ein frei gewähltes Thema (z.b.»Offene Ehe« – Was ist das?) diskutieren soll, und eine beobachtende Außengruppe. Während sich der Innenkreis auf ein Thema einigt, erhalten die Mitspieler in der Beobachterrolle in einem anderen Raum genaue Instruktionen:
– »Jeder Beobachter beobachtet unauffällig nur einen Diskussionsteilnehmer.« (Genau absprechen, wer wen beobachtet)
– »Beobachtet werden Sprachverhalten, Mimik, Gestik, Dominanz, Zurückhaltung.«
Die Diskussion beginnt. Sie soll etwa 10 Minuten dauern, dann geben die Beobachter ihre Rückmeldung im Zweiergespräch. Nach etwa weiteren 10 Minuten kommt die gesamte Gruppe im Stuhlkreis zum Gespräch zusammen.

Freundschaftsbilanz

Material: Vorbereitete Karten.
Spielintention: Sachliches Gespräch über freundschaftliche Beziehungen, Missverständnisse vermeiden, Toleranz üben.

»Weißt du noch, was wir damals alles zusammen angestellt haben?« So oder ähnlich könnte ein Gespräch zwischen zwei Freunden beginnen, die sich nach langer Zeit zufällig treffen.

In einer »Freundschaftsbilanz« werden Karten mit jeweils einem Thema beschriftet, dann gemischt und gleichmäßig verteilt. Reihum spricht jeder Teilnehmer über die Themen, die er erhalten hat, bezogen auf einen oder mehrere Anwesende. An zwei Regeln haben sich alle zu halten:
– Die Äußerungen müssen ehrlich und ohne Abschweife sein.
– Alle bemühen sich redlich, niemandem etwas übel zu nehmen, selbst freche Bemerkungen nicht.

Themenvorschläge für alle »Bilanz«-Karten: Erster Kontakt/erste Begegnung/Wie entwickelte sich die nähere Beziehung?/Gemeinsame Erlebnisse/Verbindende Ereignisse/Erlebnisse/Gab es Störungen/Verstimmungen?/Wie entstand die engere Freundschaft?/Gemeinsame Freunde/Gemeinsame Vorlieben und Abneigungen/ Unterschiedliche Lebensweisen/Gemeinsamkeiten der augenblicklichen Lebenssituation/Gemeinsame Anschauungen.

Dieses Spiel eignet sich vorrangig für einen Personenkreis, der sich sehr gut kennt, um alte Freundschaften aufzufrischen und gegenwärtig zu festigen.

Verständigung mit Händen

Spielintention: Gefühle ohne Worte ausdrücken, Erleben der Ausdruckswirkung der Hände.

Die Spieler sitzen in Kleingruppen zu jeweils 4–5 Personen kreisförmig beisammen. Der Spielleiter bittet die Teilnehmer, die Augen zu schließen, sich ganz auf sich selbst zu konzentrieren, nicht während des Spielverlaufs zu sprechen und die Augen geschlossen zu halten. Mit ruhiger Stimme sagt er dann:»Fasst euch an den Händen und versucht, mit eurer rechten Hand die linke Hand eures rechten Nachbarn und mit der linken Hand die rechte Hand eures linken Nachbarn zu erkunden.« Nach etwa drei Minuten werden die Teilnehmer gebeten, mit ihren Händen»Neugier« auszudrücken. Alle 3 Minuten nennt der Spielleiter ein neues Gefühl, das mit den Händen ausgedrückt werden soll:
– Unsicherheit, Verwirrung,
– Angst,
– Arroganz,
– Freude, Beglückung,
– Trauer,
– Zärtlichkeit.

Zum Schluss verabschieden sich die Hände voneinander, und zwar mit der Gewissheit, dass sie sich nie wieder treffen werden. Die Teilnehmer öffnen die Augen.

Reflexion: Wie habe ich die Spielrunde erlebt? Wie bin ich auf die Hände eingegangen? Welche Gefühle lassen sich mit Händen ausdrücken?

Flirten

Material: 5 Stühle.

Spielintention: Wahrnehmung und Beobachtung, Reagieren auf Blickkontakt, Kontaktaufnahme, Spannung und Spaß.

Flirten, sagt man, sei die Fähigkeit, jemandem nahe zu kommen, ohne ihm zu nahe zu treten. Genau darum geht es bei diesem Spiel. Fünf freiwillige Mitspielerinnen setzen sich auf die Stühle, während fünf freiwillige männliche Spieler den Raum verlassen. Die Frauen machen nun unter sich aus, wer welchen Mann durch Flirten erobern will, und geben dies den Zuschauern bekannt. Die Männer betreten einzeln den Raum, gehen einmal vor den Frauen hin und her und versuchen herauszubekommen, welche von ihnen besonders intensiv mit ihm flirtet. Meint er, »seine Partnerin« gefunden zu haben, kniet er vor dieser hin. War die Wahl richtig, so applaudieren die Zuschauer. Hat sich der Kandidat geirrt, ruft das Publikum: »Ab nach draußen!« Das Spiel geht so lange, bis jeder Spieler seine Partnerin gefunden hat.

Das Profil-Spiel

Material: Vorbereitete Arbeitsblätter (siehe Spielbeschreibung)

Nicht selten machen wir uns falsche Vorstellungen davon, wie wir auf andere wirken. Wem die Meinung anderer nicht völlig egal ist, der hat jetzt die Möglichkeit, das Fremdbild, das andere von ihm haben, kennen zu lernen. Das Ergebnis dieses Spiels werden zwei kleine »Persönlichkeitsprofile« (Selbst- und Fremdwahrnehmung) sein.

1. *Spielphase:* Jeder Teilnehmer erhält ein Arbeitsblatt mit den nachfolgenden Eigenschaften (s. Seite 187). Jeder kann die Worte von 1–5 ankreuzen. Zum Beispiel »1« für »Trifft für mich

Arbeitsblatt »Profil-Spiel«	1	2	3	4	5
warmherzig					
sinnlich					
begeisterungfähig					
vielseitig					
dynamisch, aktiv					
entschlossen					
neugierig					
bequem					
unterhaltsam					
temperamentvoll					
gelassen					
wortgewandt					
verständnisvoll					
verbindlich					
schüchtern					
aggressiv					
großzügig					
optimistisch					
sympathisch					
kompromissbereit					
selbstbewusst					
originell					
egozentrisch					
hilfsbereit					
autoritär					
anpassungsfähig					
kreativ					
verträglich					
ironisch					
ungeduldig					
intelligent					
zielstrebig					
kontaktfreudig					
zuverlässig					
witzig					

nicht zu!« oder »5« für »Trifft völlig zu!«. Sind alle Kreuze verbunden worden, ergibt sich eine Art Profil, das bei jedem Menschen charakteristisch, also anders verläuft.

Zum Schluss setzt jeder Teilnehmer noch ein Kreuz vor die drei Eigenschaften, von denen er meint, dass sie seine Persönlichkeit besonders charakteristisch kennzeichnen. So zeichnet jeder Teilnehmer das Profil seines Selbstbildes.

2. *Spielphase:* Jeder Teilnehmer sucht sich einen Mitspieler, den er bittet, ihn zu charakterisieren, d.h. auf einem weiteren Arbeitsblatt nun die Eigenschaften seines Gegenübers anzukreuzen und so das Persönlichkeitsprofil als Fremdwahrnehmung wiederzugeben.

Das kleine »Persönlichkeitsprofil« gibt nicht vor, wie der Beurteilte objektiv ist, hält aber ein subjektives Bild fest, das andere von ihm haben. Wenn die Persönlichkeitsprofile in der Spielgruppe – die sich schon besser kennen sollte – sehr große Differenzen aufweisen, empfiehlt sich ein klärendes Gespräch.

Waschstraße

Spielintention: Körperkontakt, körperlicher Ausdruck, Sensibilität, Kooperation.

Das Auto, des Deutschen liebstes Kind, ist schmutzig geworden. Es muss in die Waschstraße. Dafür stellen sich die Spieler in zwei gleich langen Reihen mit dem Gesicht zueinander auf. Zwischen den Reihen besteht ein Abstand von einer Armlänge. Dann knien sich alle hin. Ein freiwilliger Spieler geht ans Ende der Reihe und teilt der »Waschanlage« mit, dass er z.B. ein schmutziger Mini ist, und bewegt sich auf allen vieren durch die Reihen hindurch.

Von der Automarke und dem Zustand des Wagens hängt es ab, wie gewaschen und gereinigt wird. So wird der schmutzige Mini gründlich eingeschäumt und gebürstet, während ein neuer Mercedes oder Volvo nur schonend mit dem weichen Schwamm gewaschen wird, um den Lack nicht zu beschädigen. Und genau das machen jetzt die Spieler in den beiden Reihen. Mit ihren Händen spritzen sie das Auto nass, schäumen es kräftig ein, bürsten den Schmutz ab und blasen es trocken. Dieses kann in einem oder in zwei Waschdurchgängen geschehen. Die vollautomatische »Waschanlage« nimmt auf die individuellen Unterschiede der Fahrzeuge Rücksicht.

Vertauschtes Sprachverhalten

Material: Vorbereitete Zettel.

Spielintention: Einstellen auf ungewohnte Sprachrolle, Erleben sprachlichen Ausdrucks, Spaß an der Sprachglossierung.

Die Sprache und Sprechweise unserer Mitmenschen hinterlässt einen besonderen Eindruck bei uns. Nicht selten führt sie zur Bildung von (Vor-)Urteilen über den anderen. Für dieses Spiel eignet sich jeder Teilnehmer ein bestimmtes Sprachverhalten an, wozu die Spielleitung vorbereitete Zettel ziehen lässt, mit deren Hilfe jedem Mitspieler ein bestimmtes Sprachverhalten vorgegeben wird:

– überheblich,
– zerstreut,
– ironisch,
– uninteressiert erscheinen,
– im Kneipen-Jargon sprechen,
– weinerlich,
– fanatisch,
– im Vortragsstil reden,
– schüchtern,
– aggressiv,
– überbetont lustig, albern,
– betont vornehm,
– marktschreierisch,
– markig, zackig,
– sehr gewöhnlich, ordinär,
– alles kritisieren, abwerten.

Die Spieler einigen sich auf ein nicht teilnehmerbezogenes Thema (z.b. »Mehr Qualität durch mehr Fernsehprogramme?« oder »Lieber Ehe mit oder ohne Trauschein?«), über das sie etwa 10–15 Minuten diskutieren – und zwar jeder konsequent in dem ihm vorgegebenen Sprachverhalten. Am Ende des Spiels sprechen die Spieler in der Regel darüber, wie sie die unterschiedlichen Sprachrollen bei sich und den anderen erlebt haben und wie die Diskussion verlief.

Traumbilder

Material: Farben, Pinsel, Wasser, Papier, Unterlage zum Malen.
Spielintention: Sich Hineinversetzen, bildliche Darstellung von Empfindungen und Gefühlen.

Unsere Träume werden durch innere und äußere Reize ausgelöst. Bereits im alten Griechenland gab es Traumdeutungsversuche. Sigmund Freud baute die Traumdeutung als eine Methode der Psychoanalyse aus. – Für unser Spiel wird jeder Teilnehmer gebeten, sich an einen Traum zu erinnern und diesen in einem Bild darzustellen. Nachdem sich jeder mit Material versorgt hat, zieht er sich in eine Ecke des Raumes zurück und beginnt zu malen. Nach etwa 20 Minuten schauen sich die Teilnehmer die Bilder jeweils zu zweit an. Wenn der Wunsch nach einem Gruppengespräch besteht, kommen alle im Sitzkreis zusammen.

Reflexion: Was habe ich beim Malen erlebt? Wie sehe ich selbst den erinnerten Traum?

Witz-Test

Material: Schreibzeug und Papier.
Spielintention: Selbst- und Fremdeinschätzung, Gespräch über Witz, Humor und Geschmack(losigkeit), Spaß, Toleranz.

Witze können bei den Hörern einen Eindruck vom Erzähler des Witzes hinterlassen. Und das kann schallendes Lachen, Verblüffung, Ratlosigkeit oder gar Ablehnung bedeuten.

– Wie gut kennen sich die Teilnehmer in dieser Gruppe?
– Wie gut kennt sich jeder selbst?

Dafür gibt es einen kleinen Test. Jeder Spieler schreibt, ohne dass die anderen es sehen können, einen für sich selber typischen Witz auf einen Zettel. Die Zettel werden eingesammelt. Der Spielleiter liest vor und lässt raten, wer welchen Witz geschrieben hat. Bitte begründen, warum! Danach meldet sich der Schreiber des Witzes.

Selbstbildnis

Material: Große Papierbögen (Makulaturpapier) und Filzstifte.
Spielintention: Sich bildlich und symbolisch ausdrücken, mehr über andere Mitspieler erfahren.

Innerhalb einer Viertelstunde sollen die Spieler ein Selbstbildnis von sich zeichnen. Es können auch Symbole verwendet werden. In einem aufgemalten Kopfumriss lassen sich auch schriftliche Aussagen und Symbole zur Person eintragen. Die Kleingruppe hat dabei eine besondere Bedeutung. Nach der Fertigstellung sollen sich zwei oder mehrere Mitspieler finden, um sich gegenseitig das Geschaffene mitzuteilen und zu begründen.

Es können sich auf diese Weise auch zwei Teilnehmer gegenseitig charakterisieren.

Das Perlenspiel

Material: Pro Spieler 5 Perlen, Pfennige, Chips oder Ähnliches.
Spielintention: Sympathie, Komplimente, Zuneigung ausdrücken.

Ein häufig als Feedback (Rückmeldung) eingesetztes Spiel, das sich aber auch gut eignet, Komplimente weiterzugeben, die eine gelöste Stimmung hervorrufen und den Zusammenhalt der Gruppe fördern können.

Jeder Spieler erhält 5 Perlen. Diese 5 Perlen kann jeder in beliebiger Menge während eines Spielabends mit einem begleitenden Satz verschenken, z.B.: »Ich schenke dir eine Perle, weil du so freundlich bist«, »Ich schenke dir eine Perle, weil du ein aufmerksamer Gesprächspartner bist«, »Ich gebe dir alle 5 Perlen, weil ich dich mag!«

Visionen

Material: Papier, Schreibstifte, je Spieler ein vorbereiteter Zettel (»10 Denkanstöße«)
Intention: Anregung des Vorstellungsvermögens, Auseinandersetzung mit neuen Ideen, Besinnung.

Unsere Wünsche, Visionen, Träume und Pläne für die persönliche Zukunft sind der Ausgangspunkt für dieses kleine Gedankenspiel, an dessen Schluss vielleicht gefragt wird: Wie fühle ich mich nach diesen Aufzeichnungen? Wie ernst nehme ich mich angesichts dieser zeitlichen Dimensionen?

Jeder Spieler erhält einen Zettel mit »10 Denkanstößen«, zu denen er sich kurz schriftlich äußern soll:

1. Meine private Situation im Jahre 2004.
2. Meine berufliche Tätigkeit im Jahre 2007.
3. Meine Wünsche und Interessen im Jahre 2010.
4. Meine Wohnung im Jahre 2012.
5. Meine Urlaubsreise im Jahre 2015.
6. Mein Arbeitsplatz im Jahre 2018.
7. Meine Freizeitinteressen im Jahre 2020.
8. Mein Verkehrsmittel im Jahre 2020.
9. Meine Geburtstagsparty mit Freunden im Jahre 2022.
10. Mein Alter im Jahre 2030 und meine Wünsche für mein weiteres Leben zu diesem Zeitpunkt.

Haben alle Teilnehmer ihre »Visionen« aufgeschrieben, kommen sie im Stuhlkreis zusammen. Jeder liest vor, was er zu den einzelnen Punkten notierte. Meist entwickelt sich nach dem Vorlesen einzelner Punkte ein lebhaftes Gespräch.

Lügendetektor

Material: Papier und Schreibzeug.
Spielintention: Kennenlernen, Fremdeinschätzung.

Wie gut kennen sich die Gruppenmitglieder untereinander? Der kleine Lügendetektor-Test wird es an den Tag bringen. Jeder Spieler schreibt fünf Aussagen auf einen Zettel: Vier Dinge, die er besonders mag und schätzt, sowie eine Lüge. (Beispiel: »Segeln, tanzen, küssen, verreisen, Hausarbeiten«) Die Aussagen werden vorgelesen, und die anderen versuchen zu erraten, welche Aussage nicht stimmt.

Sprachlose Begegnungen

Spielintention: Überwindung von Unsicherheit in Anfangsphasen, nonverbale Kommunikation bewusst erleben.

Um ungewöhnliche Arten der Verständigung geht es bei diesem Spiel, für das der Spielleiter die Gruppe bittet, sich in Paare aufzuteilen. Jedes Paar soll nun ohne verbale und ohne schriftliche Verständigung etwas gemeinsam unternehmen. Dies kann z.B. mit einer Begrüßung ohne Worte beginnen. Die Paare sollen fünf Minuten nonverbal kommunizieren. Interessanter, wenn auch etwas schwieriger wird es, wenn mehrere Paare etwas gemeinsam tun. Anschließend tauschen die Teilnehmer ihre Erfahrungen mit den Partnern aus.

Das Bildhauer-Spiel

Material: Evtl. Musik vom Kassettenrekorder.
Spielintention: Ideen umsetzen, körperlicher Ausdruck, Spielbereitschaft wecken.

Um »verwandelbare Statuen« entstehen zu lassen, stellen sich ein oder mehrere Spieler als »verformbarer Ton« zur Verfügung. Mit Gefühl formen die anderen Mitspieler aus dem »Material« Statuen, indem einzelne Körperteile (Kopf, Arme, Beine) entsprechend in Posen gebracht werden. Die geformten Statuen können Assoziationen hervorrufen und für die entstandenen Werke lassen sich Titel finden.

Ich

Material: Papier und Filzstifte.
Spielintention: Mehr über sich und andere Gruppenmitglieder erfahren, Zeichnung als Ausdrucksmittel und Gesprächsanlass.

Ein Spiel zur Selbstdarstellung. Für etwa 10 Minuten malt jeder Teilnehmer ein Bild für sich, für das er sich eines der folgenden Themen aussucht:

»Ich: Gestern – heute – morgen.«/»Eine Situation aus meiner Kindheit.«/»Meine Lebenslinie.«

Das Bild soll spontan begonnen werden. Die meisten Gedanken kommen beim Malen. Es geht natürlich nicht um die Erstellung ei-

nes Kunstwerkes, vielmehr versteht sich das Malen als Ausdrucksmittel und Hilfe, sich über bestimmte Dinge noch klarer zu werden.

Nach 10 Minuten setzen sich die Spieler in Kleingruppen von
jeweils 4 Personen zusammen und sprechen über ihre Bilder. Während des etwa zwanzigminütigen Gesprächs gilt die Regel: »Wenn
du eine Frage stellst, so sage, warum du sie stellst.«

Geheime Wünsche

Material: Papier und Stifte.
Spielintention: Wünsche äußern, Sympathie ausdrücken, ohne
Angst vor einer »Abfuhr«.

Wenn die Spielgruppe schon etwas vertraut miteinander ist, kann
sie versuchen, die geheimen Wünsche der Mitspieler zu erraten.

Jeder Spieler überlegt sich zunächst eine Frage nach geheimen
Wünschen seiner Mitspieler. Beispiel: »Mit wem aus dieser Runde
würdest du gern einmal ausgehen?« Ein Spieler beginnt und stellt
seine Frage in die Runde. Jeder beantwortet diese Frage schriftlich
auf einem kleinen Zettel und setzt seinen Namen dazu. Der Spielleiter sammelt alle Antworten ein. Dann stellt der Nächste seine
Frage an die Runde, alle beantworten die Frage, bis alle Spieler an
der Reihe waren. Dann liest der Spielleiter zu jeder Frage alle Antworten vor, ohne die Namen zu nennen. Die Gruppe versucht zu
erraten, wer welche Antwort verfasst hat.

Zerplatzte Suggestionen

Material: Luftballons, Schnur oder Wäscheleine, Klammern und
Stecknadeln.
Spielintention: Negative Gefühle bewusst machen, Altes loslassen,
sich für Neues öffnen, Lernbereitschaft vergrößern.

Bei diesem Spiel werden Emotionen wach. Deshalb sollte genügend
Zeit für Gespräche zur Verfügung stehen. Suggestionen, d.h. Beein-
flussungen des Gefühlslebens, können sich sehr bedrückend auf
uns auswirken. Wir wollen deshalb negative Gefühle zerplatzen las-

sen. Die negativen Aussagen, die die Gruppenteilnehmer aus ihrer Kindheit kennen, schreiben sie auf die zuvor aufgeblasenen Luftballons, die sie an die quer durch den Raum gespannte Schnur hängen. Ist das geschehen, kann jeder genüsslich unter Beifall der Gruppe seine Suggestionen zerplatzen lassen.

Reflexion: Wie stark beeinflussen uns negative Gefühle im Alltag?

Gefühls-ABC

Material: Je Teilnehmer ein Blatt Papier und Schreibstift.
Spielintention: Sich mitteilen, Gefühle ausdrücken und beschreiben.

Die Spieler werden gebeten, auf ihren Papierbogen das Alphabet untereinander aufzuschreiben. Anschließend sollen sie für jeden Buchstaben ein Wort schreiben, das ihr Gefühl der letzten 24 Stunden (oder: am letzten Wochenende oder im Augenblick oder bei einem bestimmten Anlass) beschreibt. Haben alle Teilnehmer diese Aufgabe erfüllt, werden sie gebeten, die Worte vorzulesen und zwei Begriffe auszuwählen, die sie der Gruppe erklären wollen.

Vermutungen

Material: Vorbereitete Listen, Schreibzeug.

Spielintention: Vertiefung einer (oder mehrerer) Beziehungen, Offenheit und Vertrauen dem Partner gegenüber entwickeln.

Je zwei Spieler, die sich näher kommen möchten oder sich noch sehr distanziert fühlen, setzen sich zusammen. Vom Spielleiter erhalten sie eine Liste mit Satzanfängen, die sie jeweils schriftlich ergänzen sollen. Nachdem dies jeder getan hat, lesen sich die Teilnehmer gegenseitig ihre Ergänzungen vor und besprechen sie.

Vorschläge für Satzanfänge:»Ich denke, du glaubst, ich sei …«/»Ich versuche dir gegenüber …«/»Wenn du mich wirklich kennen würdest, könntest du entdecken …«/»Ich befürchte, dass ich …«/»Ich befürchte, dass du …«/»Ich glaube, ich könnte dir einen Gefallen tun, wenn ich …«/»Ich mag an mir nicht …«/»Ich mag an dir nicht …«/»Ich schätze an dir …«/»Ich vermeide dir gegenüber …«

Es können vom Spielleiter natürlich auch Satzanfänge vorbereitet werden, die speziell auf die Probleme zwischen zwei Partnern oder auf den allgemeinen Entwicklungsstand der Gruppe bezogen sind, was für den Spielleiter mit einigen Vorarbeiten verbunden ist.

Reflexion: Welche Empfindungen kamen bei dem Gespräch auf. Welche Sätze waren die schwierigsten? Wie offen war das Gespräch?

Schlechte Angewohnheiten überwinden

Material: Blätter mit vorbereitetem Fragenkatalog.

Spielintention: Sich seiner negativen Angewohnheiten bewusst werden, Selbst- und Fremdeinschätzung, Toleranz, offenes Gespräch.

Schlechte Angewohnheiten schaden uns, da sie die Kommunikation mit unseren Mitmenschen nicht nur kurz-, sondern auch langfristig negativ beeinflussen.

Dieses Kommunikationsspiel ist nur für kleinere Gruppen geeignet, die sich bereits gut kennen. Jeder Teilnehmer erhält ein Blatt

Papier, auf dem 15 Fragen zu den eigenen schlechten Angewohnheiten stehen. Hinter jede Frage ist eine Zahl von 0 bis 4 zu schreiben.

0 = nie/1 = selten/2 = manchmal/3 = öfter/4 = sehr oft

Nach der Selbsteinschätzung wird der ausgefüllte Bogen an die Mitspieler mit der Bitte um Rückmeldung und Kontrolle (Fremdeinschätzung) weitergereicht. Anschließend sprechen alle über ihre weniger angenehmen Angewohnheiten und Möglichkeiten, diese abzustellen. Denn: Bessern kann sich jeder.

Fragenkatalog (Vorschlag)	
Versuche ich, eine Unterhaltung ganz allein zu bestreiten?	
Rede ich von meinen Ideen bei jeder Chance, die sich mir bietet?	
Werde ich laut, schreie ich mit anderen, wenn ich aufgebracht oder wütend bin?	
Bin ich ungeduldig, wenn andere nicht meiner Meinung sind?	
Habe ich Probleme, wenn jemand konstruktive Kritik äußert? Werde ich dann mürrisch oder ausfallend?	
Unterbreche ich andere beim Sprechen und lenke zu Themen, die mich interessieren?	
Streite ich, statt Meinungsverschiedenheiten zu erörtern?	
Bin ich gekränkt, wenn ich von anderen aufgefordert werde, etwas zu ändern, was ich gemacht habe?	
Bin ich »besserwisserisch« im Umgang mit anderen?	
Bin ich vorwiegend auf meine Wirkung, z.B. im Mittelpunkt zu stehen, bedacht?	
Prahle ich mit dem, was ich alles für die Familie (Partner/in, Freunde, Kollegen) tue?	
Rüge ich jemand in Gegenwart anderer?	
Verspreche ich schnell etwas, ohne es hinterher auch zu halten?	
Höre ich anderen zu, wenn sie mit mir sprechen?	
Versuche ich, anderen meine Meinung aufzudrängen?	
Äußere ich mich ironisch oder abwertend über Ideen, Verhaltensweisen und Kleidung anderer Menschen?	
Bin ich hin und wieder »launisch« und »ungenießbar«?	

Der Fragenkatalog lässt sich kürzen oder erweitern.

Das Insel-Spiel

Spielintention: Erleben der eigenen und anderer Rollen in einer bestimmten Situation, kreative Ideen entwickeln.

Um das Finden einer Rolle und die Auseinandersetzung mit dem Rollenverhalten anderer geht es bei diesem Spiel.

Die Teilnehmer sind vor die Situation gestellt, in der gegebenen Zusammensetzung schiffbrüchig geworden zu sein. Nur mit Mühe konnten sie sich auf eine unbekannte Insel retten. Keiner kennt die Insel, Ausrüstung und Lebensmittel sind zusammen mit dem Schiff versunken. Die Situation ist völlig offen. Niemand weiß, was auf sie zukommt. Lediglich der Lebenswille ist ausgeprägt vorhanden. Der Gruppenraum ist die Insel. Das Spiel beginnt. Die maximale Spieldauer liegt bei 30 Minuten.

Reflexion: War das Spiel realitätsnah? Wer übernahm welche Funktion? Wie handelte die Gruppe als Gruppe?

Sanfter Spießrutenlauf

Spielintention: Sprachlicher und körperlicher Ausdruck von Zuneigung, Zuwendung und Sympathie erleben, weitergeben.

Die ursprüngliche Fassung des »Spießrutenlaufs« war eher ein schreckliches »Spiel«, bei dem sich zwei Reihen von kräftigen Männern gegenüberstanden, die den armen Delinquenten, der zwischen ihnen hindurchlaufen musste, übel verdroschen.

Unsere neue Fassung will dem Spießrutenläufer bzw. der -läuferin etwas Gutes tun: Wir bilden zwei Reihen, zwischen denen ein Mitspieler entlanggeht oder hüpft. Die Person bleibt stehen, wo sie will, und schaut jemand in die Augen. Der Betreffende muss etwas sagen oder tun, damit sich der andere wohl fühlt, z.B.: »Ich mag dich«, »du hast schöne Augen«, »An dir gefällt mir …«, »Das … hast du gut gemacht«. Der Spießrutenläufer kann auch angelächelt, umarmt oder gestreichelt werden. Er kann stehen bleiben, wo er möchte, um seine Streicheleinheiten zu holen. Nach dem Lauf sollten sich die Spießrutenläufer besser fühlen als zuvor.

Susanne, die Schlange

Spielintention: Dem anderen Rückmeldungen »durch die Blume« geben.

Dieses Spiel sollte nur in Gruppen gespielt werden, bei denen nicht die Gefahr besteht, ungelöste Konflikte durch verdeckte Spitzen »aufzuarbeiten«. Ein freiwilliger Mitspieler stellt sich als »Projektionsfläche« zur Verfügung. Unter Leitung des Spielleiters wird im offenen Gespräch festgestellt, welche Vergleiche die Person zulässt.

Die Gruppe entscheidet, zu welchem Tier, zu welchem Raum, welcher Pflanze, welchem Musikstück, Getränk, welcher Speise oder Landschaft diese Person passt. Der Spielleiter notiert die Ergebnisse und liest sie anschließend als »hypothetisches Psychogramm« vor.

Reflexion: Wie kam es zu den Vergleichen?

Durchsetzungsspiel

Spielintention: Sich behaupten und in entscheidenden Situationen durchsetzen können; sprachliche Gewandtheit.

»Kann ich mich durchsetzen?« Wer hat sich diese Frage nicht schon einmal gestellt! Für dieses Spiel bilden die Teilnehmer einen Stuhlhalbkreis. Jeweils zwei Spieler stellen im Rollenspiel eine Situation dar, in der es darum geht, sich zu behaupten.

Beispiele:

- Ein Kunde entdeckt beim Abholen seines Wagens aus der Werkstatt Kratzer im Lack.
- Ein Kunde möchte ein getragenes, mängelbehaftetes Kleidungsstück umtauschen.
- Ein Angestellter soll wieder einmal Vertretungsstunden übernehmen.
- Das Essen im Restaurant hat nicht geschmeckt.
- Eine Kundin drängt sich an der Kasse vor.

- Ein Kunde macht einem aufdringlichen Verkäufer (Vertreter) klar, dass er nichts kaufen möchte.
- Ein Hausbewohner fühlt sich ständig durch das zu laute Radio seines Nachbarn belästigt.

Nach jedem Spiel werden die Szenen einzeln ausgewertet, indem z.b. geklärt wird, wie sich die Spieler durchsetzten, wie gesprochen und welche Lösungen gefunden wurden. Auch dürfte interessant sein, darüber zu sprechen, welche Alltagserfahrungen die Spieler mit ähnlichen oder anderen Situationen erlebt haben, bei denen es ums Durchsetzen ging.

Optimisten und Pessimisten

Spielintention: Argumentieren, seiner Meinung Geltung verschaffen, das Wesentliche einer Aussage erkennen.

Es werden zwei gleich große Spielgruppen (2–3 Teilnehmer) gebildet, wobei die eine Gruppe Menschen mit einer sehr optimistischen und die andere Menschen mit einer recht pessimistischen Weltanschauung verkörpert.

Über ein zu Beginn festgelegtes Thema (z.B. angenehmeres Leben durch mehr Freizeit?) wird für 10 Minuten diskutiert, wobei jede Seite ihre Argumente zu vertreten hat. Am Ende entscheiden die Zuhörer oder eine gewählte Jury über die stichhaltigsten Argumente. In mehreren Durchläufen sollten die Redner-Hörer-Gruppen gewechselt werden.

Wenn ich noch einmal leben könnte …

Material: Papier und Schreibzeug.
Spielintention: Bewusstmachung der eigenen Lebenssituation, Reflexion, Denkansätze zur eigenen Verhaltensänderung.

Ein nachdenkliches Spiel für etwas ältere Teilnehmer und zugleich ein besinnliches für die Jüngeren. Wer sich andauernd nur schindet, das Leben von der verbissenen Seite her empfindet und Karrieren nachrennt, vergisst, dass es viele wunderschöne Dinge auf dieser Welt gibt. Eines Tages, meist wenn die Lebensmitte überschritten wurde, fragt man sich, was man wohl besser machen könnte.

Zum Spielverlauf: Jeder Teilnehmer hat vor sich Papier und Schreibzeug liegen. Ausgehend von der Überlegung »Wenn ich noch einmal leben könnte ...« schreibt jeder seine Wünsche, Visionen und persönlichen Verhaltensänderungen auf. Nach einer gewissen Zeit – vielleicht 10–15 Minuten – werden die Aussagen vorgelesen und gemeinsam besprochen.

Vielleicht möchte der eine in seinem zweiten Leben verrückter oder waghalsiger sein, ein anderer würde sich mehr entspannen wollen und ein weiterer lieber mehr aktuelle als eingebildete Probleme haben. Da allen Teilnehmern dieses Spiels jedoch definitiv nur ein Leben zur Verfügung steht (der Gegenbeweis fehlt bisher!), bietet sich allen die Möglichkeit, bestimmte Verhaltenswünsche sofort umzusetzen und damit nicht länger zu warten.

Stumme Signale

Spielintention: Bewusstes Erleben nichtsprachlicher Ausdrucksmöglichkeiten.

Ein interessantes Spiel, das den Teilnehmern demonstriert, über welche Ausdrucksmöglichkeiten sie verfügen und worauf sie im Allgemeinen verzichten.

Die Gruppe liegt mit geschlossenen Augen dicht beieinander. Der Spielleiter oder ein Mitspieler beschreibt eine gefährliche Situation, in der es nicht möglich ist, sich dieser Gefahr körperlich zu entziehen (z.B. an einem Fallschirm zu hängen, der sich nicht öffnet, oder mit einem Fuß fest zwischen der Eisenbahnweiche zu stecken, während sich der Zug nähert). Die Erzählung sollte eine immer größere Spannung aufbauen, bis der Erzähler schließlich die Anweisung gibt, »lautlos Signale zu geben«:

Es beginnt mit den Zehen, dann – mit den Beinen – mit dem Rücken – mit dem Bauch – mit den Armen – mit den Augen.

Nachdem sich die Spannung immer mehr gesteigert hat und die Angst durch den Körper geströmt ist, wird die Bedrohung durch lautes Schreien aller Teilnehmer weggenommen.

Was wäre, wenn …

Spielintention: Fantasie entwickeln, originelle Ideen und Überlegungen äußern, lockere Gesprächsatmosphäre.

Wir leben in einer Zeit, in der so gut wie alles möglich ist. Von dieser Hypothese ausgehend, eignet sich das Spiel besonders für einen erzählfreudigen, gemütlichen Gesprächskreis, bei dem ein Teilnehmer eine »Was wäre, wenn …«-Überlegung vorgibt und alle anderen weitere Überlegungen beisteuern. Beispiele:

- Was wäre, wenn es ab morgen keine Bücher mehr gäbe?
- Was wäre, wenn du für einen Monat ein Weltstar sein könntest?
- Was wäre, wenn alle Menschen dasselbe verdienen würden, weil alle ein Anrecht auf gleiche Lebenschancen haben?
- Was wäre, wenn es den 11.9.2001 nicht gegeben hätte?
- Was wäre, wenn in ganz Deutschland für drei Tage alle Fernsehprogramme ausfielen?
- Was wäre, wenn ab 2010 die Welt für 2 Jahre ohne Sonnenlicht auskommen müsste?
- Was wäre, wenn dir ein guter Bekannter für dich und deinen Partner einen Platz in einer Wohngemeinschaft anbieten würde?
- Was wäre, wenn man Politiker für ihre fahrlässige Misswirtschaft juristisch zur Verantwortung ziehen könnte?

Boxer, Lehrer, Filmdiva …

Spielintention: Körperlicher Ausdruck, Fantasie, Spaß am Darstellen und Raten, Gespräch über Sitzgewohnheiten und -wirkungen.

Das Spiel könnte auch »Wer sitzt wie?« heißen. Kurzum: Es geht darum, verschiedene Möglichkeiten des Sitzens anhand verschiedener Personen erfahrbar zu machen. Jeder Mitspieler stellt eine Sitzweise auf einem Stuhl vor, die von den anderen zu erraten ist. Also: An meinem Sitzen sollst du mich erkennen.

Beispiele: Sitzen wie … eine Filmdiva, ein Lehrer, ein Boxer im Ring, ein König/eine Königin, ein Richter, ein Stadtstreicher, ein Schulkind, ein Fußballtrainer im Stadion, ein Schalterbeamter …

Augenblicke einfangen

Material: Zeichenpapier und Filzstifte.
Spielintention: Sich mitteilen, eine Botschaft an die Mitspieler geben, sich einer Situation bewusst werden.

Die Spieler werden gebeten, in Form einer Zeichnung darzustellen, was sie im Augenblick besonders beschäftigt. Jeder sucht sich einen Platz im Raum und malt ca. 15 Minuten für sich. Danach kommen alle Mitspieler im Stuhlkreis zusammen. Wer möchte, legt sein Bild in die Mitte und äußert sich dazu.

Hinweis: Die Spieler sollten schon einige Zeit zusammen gewesen sein. Es ist nicht Aufgabe des Spiels, die Bilder der anderen Teilnehmer zu interpretieren oder zu bewerten!

Kooperation – lebendiges Miteinander – Gemeinschaft

Um von einer »Gruppe« sprechen zu können, muss bei den Mitgliedern ein Mindestmaß von Hingezogensein zur Gruppe bestehen. Der Gruppenzusammenhalt ist eine der wichtigsten Dimensionen sozialer Gruppen. Er basiert auf der Befriedigung zwischenmenschlicher Bedürfnisse und lebt von den Bedürfnissen, die im Zusammenhang mit einer Aufgabe stehen, die es zu lösen gilt. So wie sich Mitglieder zur Gruppe hingezogen fühlen, wenn sie in ihr Anerkennung finden, erzeugt auch gemeinsamer Erfolg bei Gruppenaufgaben den Zusammenhalt.

In kooperativen Gruppen kommunizieren die Mitglieder intensiv miteinander, sie koordinieren ihre Anstrengungen, sind stärker motiviert und freundlicher zueinander. Unter kooperativen Gruppenbedingungen, wie sie z.B. durch Kommunikationsspiele hergestellt werden können, sind die Beziehungen zwischen den Gruppenmitgliedern vertrauensvoller und positiver, weil die Mitglieder füreinander Belohnungswert haben, da die Bemühungen eines Teilnehmers, das gemeinsame Ziel zu erreichen, auch direkt zur Befriedigung der anderen beitragen.

Menschliche Maschine

Material: Eventuell Musik.
Spielintention: Einfallsreichtum, Ideen umsetzen, Kooperation, körperlicher Ausdruck, Darstellungsvermögen.

In unserem Technologiezeitalter werden Menschen immer mehr durch Maschinen, Computer und Roboter ersetzt. Ähnlich, wenn auch humaner, geht es bei diesem Körperspiel zu, für das wir Kleingruppen von maximal 6 Spielern bilden. Je ein Ingenieur soll aus den übrigen Mitspielern eine Maschine zusammenbauen. Die einzelnen »Maschinenteile« sollen sich dabei an den Händen, Hüften, Knien oder Füßen berühren und Töne von sich geben. Gelingt es nicht, die fertige Konstruktion in Bewegung zu setzen, muss der Ingenieur versuchen, den bzw. die Fehler zu beseitigen. Um die Maschine in einen bestimmten Arbeitsrhythmus zu bringen, kann Musik eingesetzt werden.

Die menschliche Maschine, sie kann z.b. eine Fließbandstraße, eine Druckerpresse oder Waschmaschine darstellen, soll etwa 3 bis 4 Minuten reibungslos funktionieren. Die Maschine kann auch auf die Hilfe eines Ingenieurs verzichten und sich selbst organisieren.

Reflexion: Wie wurde geplant und organisiert? Wie verhielten sich die »Einzelteile« beim Zusammenfügen der Maschine? In welchem Maß fühlte sich der Einzelne eingeengt?

Turmbau

Material: Pro Gruppe ein großer Bogen Konstruktionspapier (DIN A2), ein mindestens 30 cm langes Lineal, eine Schere, eine Tube (bzw. Flasche) Klebstoff, 1 Blatt Papier und ein Schreibstift für Entwürfe.
Spielintention: Förderung der Zusammenarbeit in der Gruppe, sich an bestimmte Regeln bzw. Bedingungen halten; Fantasie und Kreativität.

Die Spielgruppe wird in drei gleich starke Untergruppen mit 4–6 Mitspielern eingeteilt. Jede Gruppe soll einen Turm bauen und bekommt hierfür vom Spielleiter einen großen Bogen Konstruktionspapier, ein Lineal, eine Schere, eine Tube Klebstoff und ein Blatt Papier für Entwürfe. Innerhalb einer festgelegten Zeitspanne (ca. 45 Minuten – bei Bedarf länger) soll aus dem Konstruktionspapier ein möglichst hoher und origineller Turm gebaut werden.

Es sind folgende Bedingungen zu erfüllen:
- Die einzelnen Papierstücke, aus denen der Turm gefertigt wird, dürfen nicht größer als 30 × 30 cm sein.

- Der Turm muss stabil sein, also vom Standplatz zu einem ca. 3 Meter entfernten Tisch getragen werden können.
- Der Turm muss die in der Gruppe verwendete Schere tragen.

Die Gesamtgruppe als Jury entscheidet zum Schluss nach drei Kriterien: 1. Höhe, 2. Originalität, 3. Standfestigkeit.

Variation: Der Turm wird von der Gesamtgruppe gebaut. Sie findet gemeinsam für das Gebilde einen Namen.
Reflexion: Wer zeigte sich beim Turmbau besonders dominant? Wie wurde geplant und vorgegangen? Orientierten sich die Gruppen aneinander?

Autowaschanlage

Material: Große Zauberschnur (Gummiband), monotone rhythmische Musik.
Spielintention: Bewegungsabläufe bewusst wahrnehmen, Kooperation, körperliche Gewandtheit, Koordination.

Ähnlich wie bei einer Autowaschanlage rotieren links und rechts in einer Reihe die menschlichen Waschbürsten im Rhythmus der Musik. In der Waschstraßenmitte bewegen sich jedoch keine Autos, sondern Lebewesen wie Menschen, Affen, Vögel, Schmetterlinge, Schlangen mit möglichst komplizierten und wenig mechanischen Bewegungen. Die Lebewesen versuchen, die Maschinen mit ihrem Tanz aus dem Rhythmus zu bringen, werden jedoch selbst in einen Teil der Maschine verwandelt, sobald sie gegen einen Teil der Waschanlage stoßen. Die berührten Teile sind nun von ihren Bewegungen erlöst und dürfen selbst durch die Reihe tanzen.

Cheopspyramide

Spielintention: Kooperation, Vertrauensübung.

Wir versuchen, eine Menschenpyramide zu bauen. Dafür bilden die Spieler Gruppen mit acht bis zwölf Personen. Jede Gruppe ist bemüht, eine Pyramide mit möglichst vielen Spielern zu bauen. Nur ein Spieler sichert zum Schluss. Dabei können sich je fünf Spieler im Kreis niederhocken; darauf stellen sich drei bis vier weitere und ganz oben ein bis zwei Spieler. Zuvor sorgt die Spielleitung für einen weichen Untergrund.

Sitzschlange

Spielintention: Spaß, Koordination, Körperkontakt.

Die Teilnehmer setzen sich in Gruppen zu 6–20 Mitspielern hintereinander. Die Beine sind gespreizt; jeder umfasst die Hüften seines Vorderspielers. Bei diesem Spiel geht es darum, verschiedene, aber auch optimale Bewegungen zu finden, um sich mit der gesamten Schlange im Sitzen vorwärts zu bewegen; rückwärts geht es auch. Bei dem Spiel ist ein glatter Untergrund wichtig.

Mumientransport

Spielintention: Kooperations- und Vertrauensübung.

Die Spieler bilden Dreiergruppen. Ein Spieler legt sich stocksteif ausgestreckt mit angelegten Armen auf den Boden. Die zwei anderen Spieler transportieren ihn zu einer vorher festgelegten Stelle über die Spielfläche hinweg.

Marionette

Material: Musik.
Spielintention: Kooperation, Kontakt zum Mitspieler.

Eine Marionette ist eine durch Drähte und Schnüre von oben her zu bewegende Gliederpuppe. Für dieses Spiel sitzen die Teilnehmer zu Paaren im Raum verteilt. Ein Partner ist die Marionette, die vom anderen bewegt wird. Arme, Beine und Rumpf werden gelenkt. Beide Spieler sollten versuchen, sich intensiv aufeinander einzustellen. Nach etwa 3 Minuten erfolgt ein Rollenwechsel. Das »Marionettenspiel« kann musikalisch untermalt werden.

Das Pinguin-Spiel

Material: Zeitungen, Tesafilm.
Spielintention: Kooperation, Körperkontakt, Körperbeherrschung, Spaß.

Mehrere Zeitungsseiten werden zu einem großen Papierbogen zusammengeklebt. Für mehrere Spieldurchgänge empfiehlt es sich, gleich einige Bogen vorzubereiten.

Der große Papierbogen ist eine Eisscholle, auf der alle Spieler (Pinguine) – bis auf einen – durch die Arktis treiben. Ein Spieler ist die Sonne, die die Eisscholle zum Schmelzen bringt, indem sie mehr oder weniger große Stücke abreißt. Während er von außen versucht, ein Stück nach dem anderen abzureißen, bemüht sich die Eisschollen-Besatzung, möglichst lange auf dem Floßersatz zu bleiben. Langsam, aber sicher kommt es zum Bad im kühlen Nass.

Das Simultan-Spiel

Material: Kassettenrekorder mit Musikaufnahmen.
Spielintention: Aufeinander eingehen, komplexe Szenen darstellen, körperlicher und mimischer Ausdruck, Situationskomik, Kooperation.

»Simultan« heißt, etwas gleichzeitig, nebeneinander tun. In unserem Fall bewegen sich die Spieler nach einer Musik durch den Raum. Sobald die Musik abbricht, ruft irgendein Mitspieler einen Ort, an dem viele Menschen zusammenkommen, z.b. Schule (Fußballplatz, Bahnhof, Krankenhaus). Nun spielen alle Teilnehmer gleichzeitig Schule (Lehrer, Direktor, Hausmeister, Schüler, Sekretärin). Beim »Krankenhaus« würden alle Ärzte, Pflegepersonal, Patienten, Besucher, Reinigungspersonal usw. darstellen. Der Musikeinsatz leitet immer wieder zu einem »Ortswechsel« über.

Spiegeleien

Spielintention: Aufeinander eingehen, Kooperation, genaues Beobachten, körperlicher und mimischer Ausdruck.

Bei diesem kleinen Spiel gilt es, Augenkontakt zum Partner zu halten und sehr langsam dessen vorgegebene Bewegungen nachzuahmen. Die Spieler setzen sich paarweise gegenüber. Ein Partner übernimmt die Aufgabe, der Spiegel seines Gegenübers zu sein und diesen bei ständigem gegenseitigem Augenkontakt nachzuahmen. Dies geschieht möglichst in Zeitlupe, wobei zunächst ganz einfache Bewegungen von Händen, Armen, des Körpers und schließlich des Gesichts nachgeahmt werden. Themen könnten z.B. sein: arbeiten, sich waschen, sich bewundern, sich anziehen. Es können auch durchaus mehrere Spieler gleichzeitig vor einem »Spiegel« stehen. Nach einiger Zeit erfolgt ein Rollenwechsel.

Kleiner Aufstand

Spielintention: Entstehen einer Spielgruppe, Koordination, Kooperation, Spielfreude.

Je zwei Spieler sitzen Rücken an Rücken am Boden. Die Arme sind eingehakt. Wenn kein allzu starker Größenunterschied besteht, dürfte es nicht zu schwer sein, gemeinsam aufzustehen. Jetzt wird ein weiterer Spieler hinzugefügt und das Ganze zu dritt versucht. Immer mehr Spieler kommen hinzu – so viele wie möglich. Natürlich ist die Aufgabe umso schwerer zu bewältigen, je größer die Gruppe wird. Welche Gruppe stellt den Rekord im »Massenaufstand« auf?

Knotenspiel

Material: Je Gruppe eine 6 m lange Schnur.
Spielintention: Spielfreude, Kooperation.

Nicht nur um festzustellen, ob alle Spieler am gleichen Strang ziehen, sondern auch um koordinierte Geschicklichkeit geht es bei diesem kleinen Spiel, für das jeweils eine Gruppe eine 6 Meter lange Schnur erhält. An ihr müssen innerhalb von 2 Minuten möglichst viele Knoten angebracht werden. Wo sind die besten »Knoter«?

Kunst am Stuhl

Spielintention: Ideen umsetzen, Originalität, Kooperation.

Jede aus 5–6 Spielern bestehende Gruppe erhält Krepp-Papier, Schnur, Klebeband, Stoffreste und Alufolie. Innerhalb von 10 Minuten soll aus einem Stuhl ein prächtiger »Thron« hergestellt werden. Jede Gruppe versieht ihren Stuhl mit einem Fantasienamen.

Jurtenkreis

Spielintention: Körpergefühl entwickeln, Koordination, Kooperation, Gemeinschaftsgefühl.

Ein Jurtenzelt ist eine Erfindung mongolischer Nomaden, bei dem das Dach und die Wände so aufeinander treffen, dass ein stabiles Gerüst entsteht. In Anlehnung an diese Konstruktion kann eine gerade Anzahl von 10–20 Mitspielern ein ähnliches Gebilde schaffen. Dazu bilden alle Spieler einen Kreis, stellen sich Schulter an Schulter und fassen sich an den Händen. Dann zählen sie abwechselnd »innen«, »außen«, »innen« …, sodass jeweils ein »Innen«- und ein »Außen«-Mitspieler nebeneinander stehen. Der Spielleiter gibt ein Kommando. Jeder beugt sich gemäß seiner Eigenschaft nach innen bzw. nach außen, ohne die Füße zu bewegen. Mit etwas Übung können sich alle ziemlich weit nach vorne oder hinten beugen, ohne umzufallen. Wenn die »Jurte« stabil ist, können alle versuchen, ihre Richtung zu wechseln, ohne dabei die Hände loszulassen, bis sich der Kreis rhythmisch nach innen und außen bewegt.

Bewegung – körperliches Wohlbefinden – Spannungen lustvoll ausleben

Spannungszustände des Körpers, selbst heftige Gefühle, lassen sich am einfachsten durch intensive Bewegung abreagieren. Erwachsene haben sich um diese Lust bereits weitgehend gebracht.

Wenn Körperbewegungen ungehindert fließen und mit der Umgebung im Einklang sind, wie z.b. beim Tanzen, kommt es zu angenehmen Empfindungen. Dieser Zustand körperlicher Lust führt beim Spiel zum erforderlichen Lockerlassen und der Körper reagiert frei. Wer gehemmt ist, tut sich beim Lustempfinden schwer, weil unbewusste Zwänge die natürliche Beweglichkeit des Körpers blockieren. Er bewegt sich entsprechend steif, verkrampft und unrhythmisch. Bewegungsspiele eignen sich hervorragend für den Beginn eines Spielabends, aber auch nach einem kognitiv orientierten, bewegungsarmen Seminartag. Durch Bewegungsspiele nehmen die Teilnehmer Kontakte auf, bauen Unsicherheiten und Ängste ab, erleben Freude beim Spiel, werden locker, können sich abreagieren, ungezwungen verhalten und körperliche und geistige Entspannung erreichen. Diese Spiele beziehen das körperliche Ausdrucksvermögen mit ein, das durch unsere Erziehung zu fast ausschließlich verbaler Kommunikation verkümmert.

Für die Umsetzung der folgenden Spielvorschläge wird lediglich ein genügend großer Raum mit Teppichboden benötigt. Nachdem wir Stühle, Tische und andere Stolperquellen beiseite gestellt haben, kann es gleich losgehen.

Ausbrecher

Spielintention: Spaß, Koordination, sich austoben, Kraft.

Zwei Gefangene möchten aus einem Kreis – dem Gefängnis – ausbrechen. Die Umstehenden geben sich die Hände und wehren, so gut es geht, ab. Sobald einem der Eingesperrten der Ausbruch gelingt, kann er von außen her seinem Kumpel helfen. Ein Spiel, das recht wild werden kann.

Rex in Action

Material: 1 Tuch.
Spielintention: Spaß, Kooperation, sich austoben, Kraft.

Wer den gefährlichen, irrwitzigen Dinosaurier Rex in Action erleben will, muss einfach mitmachen und sich an den »Dino« anschließen, bei dem die Spieler die Hüfte ihrer Vorderfrau bzw. ihres Vordermannes umfassen. Der mächtige Dinosaurier bekommt an

seinem Schwanz – also dem letzten Mitspieler – ein Tuch befestigt, das der Kopf des Dinos ergattern muss. Die wilde Jagd kann beginnen. Das Schauspiel wird umso toller, wenn zwei oder mehrere Dinosaurier (in 10er-Gruppen) nach dem Schwanz des anderen jagen. Ein riesiger Bewegungsspaß, der sich auch gut auf einer Wiese durchführen lässt.

Höllenspiel

Material: Je Spieler ein Tuch.
Spielintention: Sich austoben, übermütig sein, Spaß haben.

Wer dieses Spiel einmal mitgemacht hat, weiß, wie es in der Hölle zugeht. Jeder Spieler erhält ein Tuch, das am Gürtel oder sonst wo an der Kleidung zu befestigen ist. Jedoch nicht etwa mit einem Knoten, sondern möglichst so, dass man es leicht stibitzen kann. Sind alle Tücher befestigt, geht es los. Alle werden jetzt versuchen, den anderen Mitspielern die Tücher zu stehlen. Wem dabei das eigene Tuch verloren geht, scheidet aus. Besonders wild geht es in der Hölle bei begrenzter Spielzeit zu. Wer stibitzt die meisten Tücher und wird Oberteufel/in?

Schriller Tanzpalast

Material: Disco-Musik, ansonsten s. jeweilige Spielbeschreibung.
Spielintention: Je nach Tanzspiel: Sich körperlich näher kommen, Tanzhemmungen überwinden, Spaß an ungewöhnlichen Bewegungsaktionen, Kontakte, Spannung, Austoben.

Im »Schrillen Tanzpalast« geht es nicht sehr konventionell zu. Dafür kommen sich die Spieler auf recht lustige, bewegungsintensive und ungezwungene Art näher. Die folgenden Vorschläge eignen sich für Einzeltänzer, Paar- und Gruppentänze. Um möglichst viele zum Mittanzen anzuregen, ist es günstig, mit einer Gruppenaktion zu beginnen.

Schlangenese: Alle tanzen in einer langen Schlange (z.b. zur »Polonese Blankenese«). Der letzte Tänzer versucht die Schlange zu verlängern, indem er weitere Personen zum Mittanzen auffordert.

Trampler: So deftig wie sein Name ist auch der Tanz selbst. Es bilden sich Tanzpaare, denen wir mir einem kurzen Band einen Luftballon um den rechten Fußknöchel binden. Alle Teilnehmer auf der Tanzfläche haben die Aufgabe, möglichst jeden anderen Ballon zum Platzen zu bringen, gleichzeitig jedoch den eigenen Ballon vor den Angriffen der Gegner zu schützen. Sieger ist natürlich, wessen Ballon als letzter unversehrt bleibt.

Stuhlio: Zu zweit wird auf einem Stuhl getanzt. Zur Erschwernis klemmen wir den Tanzpaaren noch eine Apfelsine oder einen kleinen Luftballon zwischen die Stirn. Beide dürfen nicht auf den Boden fallen. Wer hält am längsten durch und wird Deutscher Meister im Stuhltanz?

Beutini: Ein »neuer Modetanz«, der an alte Beutefeldzüge anknüpft. Die Musik setzt ein. Ein einzelner Spieler legt verschiedene mittelgroße Gegenstände wie Kugelschreiber, Streichholzschachteln, Tempotaschentücher usw. verstreut auf den Fußboden, und zwar um einen Gegenstand weniger als Tanzpaare vorhanden sind. Die Tanzenden müssen die Gegenstände zunächst ignorieren. Setzt jedoch die Musik aus, muss jedes Paar blitzschnell einen Gegenstand aufheben. Das Paar ohne Beute muss ausscheiden.

Dreibein: Wir bilden Tanzpaare. Ein Spieler wird mit seinem linken Bein am rechten Bein des Tanzpartners festgebunden. Mit Einsetzen der Musik tanzen die an einem Raumende aufgestellten Paare bis ans andere Ende des Raumes. Eine zuvor gewählte Jury kann die besten Tanzpaare prämieren.

Lakino: Die Spieler tanzen zu zweit unter einem Bettlaken. Bei Musikwechsel erweitert sich die Anzahl der Mittänzer um jeweils ein Paar, bis alle Spieler zum gemeinsamen Tanz unter einem Zeltdach aus Laken zusammenkommen.

Tauloses ziehen

Spielintention: Austoben, Kräftemessen, aber auch Kooperation.

Es geht auch ohne Tau. Auf einem nicht zu harten Untergrund stellen sich zwei gleich starke Gruppen hintereinander gegenüber. Die ersten Spieler halten sich an den Händen fest. Die Hinterfrauen und Hintermänner fassen sich an den Hüften. So richtig schön wird das Spiel, wenn die Spieler die Seiten wechseln und jeweils der gerade schwächsten helfen.

Schüttelband

Spielintention: Ungewöhnliche Bewegungsaktion, Körperkontakt.

Alle Spieler legen sich dicht an dicht in einer Reihe auf den Bauch auf den Boden. Einer legt sich quer auf den Anfang der Reihe. Nun ruckt einer nach dem anderen sein Gesäß in die Höhe, dadurch wird der Daraufliegende wie ein Paket auf einem Schüttelband von einem Ende der Reihe zum anderen gerüttelt.

Auftau- und Gefriertanz

Material: Rhythmusstarke Musik.
Spielintention: Erleben körperlicher Bewegungsmöglichkeiten; Erfahren der Spannung, sich nicht bewegen zu dürfen; Körperbeherrschung.

Die Spieler stehen einzeln verteilt im Raum. Die Spielleitung teilt ihnen mit, dass ihre Körperteile »eingefroren« sind und erst allmählich wieder »aufgetaut« werden. Zu einer rhythmusbetonten Musik werden durch Ansage die einzelnen Körperteile in Abständen von ca. 15 Sekunden »aufgetaut«.

Vorschläge für die Reihenfolge: Stirn – Kopf – Finger – Hände – Schultern – Oberkörper – Hüften – Beine – ganzer Körper.

Dann erfahren die Spieler, dass sie wieder »eingefroren« werden, und es erfolgt die Rücknahme der Bewegungen: … Beine – Hüften – Oberkörper … Am Ende des Spiels reflektieren die Tänzer, wie sie das Spiel erlebt und die Musik erfahren haben.

Popcorn

Spielintention: Austoben, Bewegungsfreude, Körperkontakte.

Hier geht's schön flippig zu. Alle Spieler stellen Maiskörner dar, die auf einer großen Bratpfanne liegen. Langsam fangen sie an zu »poppen«. Einige »poppen« aneinander und »poppen« nun gemeinsam. Zum Schluss wird von der Spielleitung imaginärer Honig über das Popcorn gegossen und alle kleben aneinander.

Magischer Raum

Material: Eventuell Musikbegleitung (Tanzmusik).
Spielintention: In verschiedene Rollen schlüpfen, lustige Bewegungserfahrungen machen, Spaß.

Der Spielleiter schlüpft in die Rolle eines Magiers, der die Mitspieler immer wieder neu verzaubert. Dafür bewegen sich alle frei im Raum durcheinander. Zwischendurch stoppt der Spielleiter die Musik und sagt an, wie sich die Spieler, wenn die Musik weiterläuft, bewegen sollen.

Beispiele: Ich verzaubere euch in … vornehme Party-Gäste – in eine Elefantenherde – Roboter auf dem Mond – in Affen – Motorräder auf dem Nürburgring – Gespenster und Vampire – gefräßige Krokodile – Flugzeuge, die hoch und niedrig fliegen.

Es empfiehlt sich, abwechselnd ruhige, wilde, laute, leise Verzauberungen vorzunehmen.

Wellenbad

Hilfsmittel: Stühle.
Spielintention: Action, Koordination, Reaktion, Spaß an Bewegung.

Die Spieler sitzen auf eng zusammenstehenden Stühlen im Kreis. Ein Spieler kommt als »Kapitän« in die Mitte und übernimmt das Kommando. Sobald er »Welle von links« ruft, müssen alle Stuhl um Stuhl nach links rücken. Das muss sehr schnell gehen, wobei der Kapitän versucht, auf einen freien Stuhl zu gelangen. Beim Kommando »Welle von rechts« muss die Welle in der anderen Richtung laufen. Besonders reizvoll wird es, wenn die Kommandos schnell wechseln. Gelingt es dem Kapitän, einen freien Stuhl zu ergattern, wird der zum Kapitän, der nicht schnell genug nachrücken konnte. Gelingt es dem Kapitän nicht, so kann er »Flut« rufen, und alle Spieler müssen die Plätze wechseln. Nach einigen Spieldurchläufen werden die Bewegungen immer flüssiger und koordinierter.

Menschen am Strand

Spielintention: Action, Spannung, Reaktion, Situationskomik.

Die Spieler verteilen sich im Raum, und die Spielleitung beginnt, eine Geschichte zu erzählen, die von Menschen am Strand handelt. Alle Spieler führen die Bewegungen aus, die in der Geschichte vorkommen, also z.b. gehen, im Sand kriechen, Ball spielen, auf einem Bein hüpfen, laufen, Hosen aufkrempeln, jemand anders Huckepack tragen, in die Brandung krabbeln, sich von einer Welle umspülen lassen, schwimmen usw.

Fällt in der Geschichte das Wort »Ebbe«, müssen sich alle schnell auf den Boden setzen. Wer zuletzt sitzt, erzählt weiter. Wird aber das Wort »Flut« erwähnt, müssen alle umgehend mit ihren Füßen vom Boden weg, z.B. auf Stühle oder Tische steigen. Wer zuletzt oben ist, erzählt weiter. Das Spiel kann recht wild werden. Bei unerfahrenen Spielern sollte der Spielleiter die Erzählerrolle nicht gleich weitergeben.

Zeitungsschlacht

Material: Zeitungen.
Spielintention: Austoben, versteckte Aggressionen in ungefährlicher, spielerischer Form abreagieren.

Zwei Spieler erhalten je eine Zeitung und rollen sie zusammen. Sie dürfen sich damit gegenseitig an die Beine, Arme und den Rücken schlagen. Verboten sind Schläge ins Gesicht und an empfindlichen Körperstellen. Es gibt keinen Sieger und keinen Verlierer. Sind die Zeitungen zerschlagen, ist der Kampf zu Ende.

Kissenschlacht

Material: Strapazierfähige, mit Schaumstoff gefüllte Kissen.
Spielintention: Austoben, Gelöstheit, verrückt spielen dürfen.

Auch hier geht es wild zu. Im möglichst freigeräumten Raum wird nach Leibeskräften getobt. Jeder darf sein Schaumstoffkissen auf jeden werfen. Wer nicht mitspielen möchte, wirft sein Kissen weg und darf nicht mehr angegriffen werden. Das Spiel eignet sich auch für draußen. Dort sollte der Spielraum eingegrenzt werden.

Elektrisieren

Material: Sanfte Musik.

Spielintention: Bewegung, Kontaktaufnahme, Gruppenerlebnis.

Die Spieler bewegen sich zur Musik leicht im Raum. Dann berührt der Spielleiter mit seinen Fingerspitzen die Finger einer weiteren Person. Während sich alle tanzend und drehend weiterbewegen, wird die Kette an beiden Seiten immer länger, bis die beiden letzten Personen mit ihren Fingerspitzen den Kreis schließen.

Po an Po

Spielintention: Körpererfahrung, Kontakt, Spaß.

Die Spieler stellen sich zu zweit Rücken an Rücken, besser gesagt Po an Po, die Füße schulterbreit gegrätscht. Zum Auftakt zählen beide »eins ... zwei ... drei«, schwenken dazu mit dem Körper hin und her und versuchen sich dann aus dem Gleichgewicht zu bringen. Wenn auch nur sanftes Schubsen erlaubt ist, kommt es doch auf gute Balance und die richtige Strategie an.

Rodeo

Spielintention: Spaß, Kooperation, ungewöhnliche Bewegungsaktion, Austoben.

Vier Mitspieler bilden einen wilden Stier, indem sie sich dicht nebeneinander knien, Schulter an Schulter, Hüfte an Hüfte, und sich mit den Händen auf dem Boden stützen. Ein Spieler legt sich so locker wie möglich mit seinem Rücken quer auf die Rücken der vier und versucht nicht herunterzufallen, denn kaum hat er sich hingelegt, setzt sich der Stier in Bewegung. Er kriecht vorwärts, rückwärts, seitwärts und im Kreis herum, bäumt sich auf und versucht, den lästigen Gast auf dem Rücken loszuwerden.

Monte Carlo

Spielintention: Sich so richtig abreagieren, Bewegungen ausleben.

Wir befinden uns am Start zur Weltmeisterschaft, der Formel-I-Rennwagen in Monte Carlo. Bei diesem Spiel können sich die Spieler richtig abreagieren und schreien, was das Zeug hält.

Für den »Start« der PS-starken Renner stellen sich alle in einem großen Kreis auf und machen die Bewegungen und Geräusche der Spielleitung mit. Es beginnt mit völliger Stille, dann

- In die Hände klatschen, zuerst lautlos, dann langsam stärker und schneller werdend ...
- Nun mit den Füßen stampfen, erst lautlos, dann schwach, schließlich stärker und stärker, schneller und schneller ...
- Hand und Fußgeräusche steigern sich. Alle stampfen und klatschen, was das Zeug hält ...
- Die Motoren der Rennwagen sind so richtig in Gang gekommen, der Lärm steigert sich, die Arme werden hochgeschleudert und unter höllischem Geschrei jagen die Rennwagen los, während alle Spieler so hoch springen, wie sie können ...
- Der Lärm nimmt jetzt immer mehr ab. Die Rennwagen sind am Horizont verschwunden.

Entspannung – Sammlung – Besinnung

Körper, Geist und Seele lassen sich nicht auseinander dividieren. Die Entspannungsfähigkeit ist Grundlage unserer körperlichen und nervlich-seelischen Erholung. Sie dient der Sammlung und Besinnung. Aus ihr schöpfen wir Energie für die uns täglich gestellten Aufgaben und Begegnungen mit anderen Menschen. Um diese Entspannungsfähigkeit zu erhalten, z.b. während eines längeren Seminars, können wir uns verschiedener Entspannungsspiele, Übungen und Meditationen bedienen. Sie helfen, positive Körpergefühle stärker zu beachten, erweitern den Horizont und wirken auch entängstigend. Die nachfolgenden Angebote, für deren Umsetzung wir einen ruhigen Raum benötigen, ermöglichen dem Einzelnen sich allein oder im Zusammenspiel mit anderen Teilnehmern zu entspannen.

Massagekreis

Material: Kassettenrekorder mit ruhiger Musik.
Spielintention: Körpererfahrung, Entspannung, Gemeinschaftserlebnis.

Dieses Spiel wird für viele eine ganz neue, schöne und interessante Selbsterfahrung sein.

Wir bilden einen großen Stehkreis. Alle Spieler schauen in dieselbe Richtung. Jeder legt nun die Hände auf die Schultern seines vorderen Mitspielers und beginnt, den Rücken, die Schultern und den Nacken zu massieren. Es wird nicht gesprochen, sondern nur durch Laute oder Geräusche dem Masseur zu verstehen gegeben, was gut tut, ob zu fest oder zu sanft massiert wird. Nach etwa fünf Minuten drehen sich alle um und massieren ihren früheren Masseur. Zum Schluss sprechen die Spieler über ihre Erfahrungen und Eindrücke. Natürlich lässt sich das Spiel auch paarweise im Raum durchführen.

Sehr schön auch als Klopfmassage: Zwei Partner klopfen sich gegenseitig je fünf Minuten von den Schultern bis zu den Beinen mit den Handflächen ab.

Ruheinsel

Material: Siehe Spielverlauf.
Spielintention: Entspannung, Körpererfahrung, Gemeinschaftserlebnis, sinnlich bewusste Wahrnehmung.

Unsere »Ruheinsel« ist ein nicht zu kleiner Raum mit Teppichboden. Auf dieser finden entspannende Interaktionen statt, die sich – je nach Teilnehmerkreis, Bedarf und Situation – variieren und kürzen lassen. Die spielerischen Übungen beginnen im Stehen, werden im Sitzen fortgeführt und enden auf dem Boden liegend.
Ablaufvorschlag:

- Die Spieler stehen ruhig im Raum verteilt und pendeln mit den Armen vor und zurück. Im Takt schwingen wir wie Uhrpendel.
- Jetzt führen die Spieler Bewegungen mit Unterbrechungen aus, wie auf Zeichen gehen … stehen bleiben … ganz leise laufen … hinhocken … auf Zehen stehen, ohne zu wackeln … usw.
- Ohne anzustoßen, wird leise zwischen Stühlen, Tischen und Hindernissen durchgegangen und gelaufen.
- Nach Rhythmusvorgabe findet beim Gehen ein Wechsel von langsamen und schnellen Schritten statt. Die Spieler versuchen, auf einen gemeinsamen Rhythmus zu kommen.
- Die Spieler balancieren mit einem Gegenstand auf dem Kopf auf aufgezeichneten Linien (z.B. in Schlangen-, Kreis- oder Schneckenform).
- Mit geschlossenen Augen durch den Raum gehen. Ein Spieler schließt die Augen, der andere führt. Nach einiger Zeit erfolgt Rollenwechsel.

- Alle setzen sich mit ausgestreckten Beinen und geschlossenen Knien auf den Boden. Der Rücken ist aufrecht gegen die Wand gelehnt. Die Hände liegen auf den Oberschenkeln. Der Spielleiter: »Wir sind an einem Sommertag an den Strand gefahren. Es ist warm und angenehm. Wir schauen weit aufs Meer hinaus und folgen den Möwen, die in großen Schwüngen über das Wasser gleiten. Atmet dabei ruhig aus und ein.«
- Die Spieler begeben sich in den Hocksitz. Aus ihm lassen sie sich in die Seitenlage fallen.
- Jeder Spieler legt sich nun auf den Rücken. Spielleiter: »Schließt die Augen und denkt einige Minuten (2–3) an nichts. Ruht euch aus. Fühlt, wie euer Körper schwer wird, wenn ihr euch richtig entspannt. Alles wird schläfrig: die Füße, die Beine, der Bauch, der Rücken, die Achseln, der Kopf, der Mund, die Zunge, alles wird schläfrig ...«
- Die Spieler liegen entspannt auf dem Rücken, heben die Arme und lassen sie entspannt auf den Bauch fallen.
- In der Rückenlage werden die Beine hochgestreckt, dann die Unterschenkel entspannt fallen gelassen (dabei in den Knien einknicken). Es findet ein mehrfacher Wechsel von Strecken und Entspannen statt.
- Die Spieler liegen auf dem Bauch und strecken die Arme und Beine entspannt von sich.
- Jetzt liegen alle mit entspannten Armen und Beinen auf der Seite.
- Von einer Seitenlage wird in die andere gerollt.
- Alle Spieler bleiben ruhig und entspannt liegen (etwa 2 Minuten), strecken Arme und Beine von sich und kommen jetzt zum Austausch über das Erlebte zusammen. Gesamtdauer: 25 Min.

Sekundenentspannung

Spielintention: Energie für Körper, Geist und Seele tanken.

Alle Spieler liegen auf dem Boden verteilt im Raum. Von den Zehen bis zu den Haarspitzen spannen sie alle Muskeln, den ganzen Körper, fest an. Acht Sekunden bleiben alle Muskeln angespannt, dann lassen sie locker und spüren genussvoll das Gefühl der völligen Entspannung.

Dieses wohlige Gefühl möchte sicher jeder öfter haben. Jeder sollte diese Entspannungsmethode ein paar Mal üben, um sie jederzeit parat zu haben. Körper und Geist werden so aktiviert und für den Alltag handlungsfähig erhalten.

Meine Lebensuhr

Material: Papier und Schreibzeug; eventuell vorbereitetes Arbeitsblatt mit Uhr und Arbeitsanweisungen.
Spielintention: Nachdenken über die eigene Lebenssituation, Besinnung, Meditation, Selbst- und Fremdwahrnehmung.

Ein besinnliches Spiel, das zum Nachdenken über die eigene Existenz anregt.

Als junger, gesunder Mensch fühlt man sich in der Regel unsterblich. Das Leben findet heute statt, und das ist gut so, weil es der Ausdruck jugendlicher Vitalität ist. Im Gegensatz zu unserem chronologischen, genau benennbaren Alter hängt unser biologisches Alter von verschiedenen Faktoren ab, z.B. von der körperlichgeistigen Leistungsfähigkeit, seelischen Belastbarkeit und dem eigenen Lebensgefühl.

Diese kleine, jedoch sehr erstaunliche Übung bietet dem Einzelnen für sich und in der Reflexion mit anderen die Möglichkeit, sich

Wie spät ist es auf meiner Uhr?

mit eigenem Körper, Geist und Seele zum augenblicklichen Zeitpunkt bewusst auseinander zu setzen, die abgelaufene Zeit zu reflektieren und konstruktiv in die Zukunft zu schauen.

Jeder Mitspieler erhält ein Blatt Papier mit der auf S. 230 abgebildeten Uhr, auf der sich kein Zeiger befindet. Zusätzlich werden folgende Anweisungen gegeben: Stell dir vor, dass dein ganzes Leben 12 Stunden umfasst. Denke einige Minuten darüber nach, wie spät es in deinem Leben ist. Dann trage den Stunden- und Minutenzeiger in deiner Uhr ein. Vollende bitte jetzt die Satzanfänge:

- Es ist zu früh, um …
- Es ist noch nicht zu spät, um …
- Es ist zu spät, um …
- Es ist die richtige Zeit, um …
- Bis um … Uhr möchte ich unbedingt …
- Was bedeutet mir die vergangene Zeit? Wie sehe ich meine kommende Zeit?

Streicheleinheiten für die Seele

Zu guter Letzt ein paar Anmerkungen, wie man sich im Alltag entspannen kann und gleichzeitig Kontakte und Kommunikation pflegt. Entspannung kann dabei sowohl ein passives »Sich-Überlassen« als auch ein aktives Tun gegen die »Angespanntheit« sein. Der durchdachte Umgang mit Körper und Seele kann so etwas wie eine »Kultivierung der Befindlichkeit« werden und von jedem Einzelnen mit individueller Intensität absichtsvoll eingesetzt werden. Wenn sich dann eine zweite Person oder eine Gruppe mit gleichen Vorstellungen findet, können sich seelisches Gleichgewicht und körperliches Wohlgefühl noch besser wieder stabilisieren. Und jetzt einige Vorschläge für »Entspannung im Alltag«:

- irgendwo ganz ruhig sitzen und gar nichts machen,
- in der Badewanne herumliegen und dösen,
- was Entspannendes lesen,
- autogenes Training/Atemübungen,

- sich auf den Rasen (Teppich, Tisch) setzen und meditieren,
- mit irgendjemandem telefonieren,
- im Garten arbeiten, Erde in die Hand nehmen, daran riechen,
- in die Sauna gehen,
- sich mit Freunden treffen,
- Musik hören,
- spazieren gehen (Strand, Wald, Feldweg),
- sich ins Bett legen und ein Buch lesen,
- heiß duschen und danach eine Tasse Kaffee/Tee trinken.

Nutzt den Tag und lasst den Gedanken Taten folgen!

Ein Sommertag

Spielintention: Sensibilisierung; spontane, einfühlsame Reaktionen, körperliche Ausdrucksmöglichkeiten, Bewegungsimprovisation.

Die Spieler haben sich im Raum verteilt und liegen auf dem Boden. Von der Spielleitung erfahren sie, dass sie sich auf einer imaginären Wiese befinden, um gemeinsam die Stimmung eines Sommertages einzufangen. In bestimmten Abständen folgen Spielimpulse wie:

- Nehmt den Geruch und Geräusche um euch wahr (mit geschlossenen Augen).
- Ihr erwacht und seid eine Blume …
- Zuerst hebt die Blume langsam ihren Körper …
- Die Blume saugt die wärmenden Strahlen in sich auf und beginnt zu wachsen …
- Ein Schmetterling setzt sich auf ihrer Blüte nieder …
- Langsam ziehen Wolken auf und die Blüte schließt sich ein wenig …
- Leichter Nieselregen lässt die Blüte kleiner und immer kleiner werden …
- Am Abend hat sie wieder in ihre Ausgangsstellung zurückgefunden.

Es sollte eine entspannte Stimmung herrschen. Die Übung erfordert Zeit und sollte nicht zu früh abgebrochen werden.

Meditationen

Der Begriff »Meditation« steht für »vertieftes Nachdenken« und »sinnende Betrachtung«. Der Meditierende versenkt sich in Gedanken.

In den 70er-Jahren brach über die westliche Welt eine wahre Meditationswelle herein. Schier unübersehbar war die Vielzahl von Meditationspraktiken, die besonders jungen Leuten auf der Suche nach einer besseren Welt bewusste Erfahrungen des eigenen Selbst vermitteln wollten, wie z.b. die Zen-Meditation, das autogene Training, Joga, die transzendentale Meditation. Nicht selten wurden und werden dabei mögliche Gefahren übersehen, die zum einen in der Art der Meditation, in der falschen Übung, im dilettantischen Anleiter und nicht zuletzt in der jeweiligen Persönlichkeit des Meditierenden zu suchen sind. Als unproblematische Meditationen haben sich besonders in der Arbeit mit Jugend- und Erwachsenengruppen die nachfolgenden Meditationsübungen erwiesen. Ein- bis zweimal 15 Minuten Meditation am Tag genügen vollkommen, um nach einigen Monaten positive Veränderungen hervorzurufen. Durch die Meditation erhöht sich das Einfühlungsvermögen, wird das Bewusstsein erweitert, die Psyche stabilisiert und die Aktionsbereitschaft erhöht. Experten haben herausgefunden, dass länger Meditierende weniger nervös sind und eine Verbesserung in der Aufnahme von sozialen Beziehungen aufweisen.

Äußere und innere Bedingungen für eine Meditation sind:

- ein ruhiger Raum,
- Teppichbodenbelag bzw. Wolldecken,
- Papier und Schreibunterlagen, ruhige Musik,
- Konzentration, Geduld, Ausdauer.

Mögliche Sitzformen können sein:

- Hocksitz (überall praktizierbar),
- Schneidersitz (mit Sitzkissen),
- Lotossitz (der Meditierende setzt sich auf ein Sitzkissen; die Beine werden gekreuzt, wobei die Füße auf den Oberschenkeln liegen),
- man setzt sich auf einen möglichst harten Stuhl.

Bild- und Kunstmeditation

Spielintention: Bewusste sinnliche Wahrnehmung.

Die Teilnehmer sitzen auf dem Fußboden. Es herrscht Ruhe. Als Meditationsgegenstand kann jedes zum vertiefenden Nachdenken geeignete Bild dienen; z.b. eine alltägliche Fotografie oder ein Landschaftsbild (Meer, Naturereignis, Sonnenuntergang); auch eine Skulptur oder Plastik können zum Meditieren anregen. Dauer: 20 Minuten.

Metapher-Meditation

Spielintention: Fantasie, bildhaftes Denken, Einfühlungsvermögen, sprachlicher Ausdruck.

Eine Metapher ist ein bildhafter Vergleich bzw. Ausdruck für einen Gegenstand, eine Person, ein Geschehen oder für einen abstrakten Begriff. Metaphern, die in Einzelbesinnung gebildet werden, sind die Grundlage für einen vertieften Gedankenaustausch in der Gruppe: Dauer: 30 Minuten.

Zum Vorgehen: Die Spielgruppe wird gebeten, z.B. Metaphern zum Thema »Friede ist ...« zu erdenken. Jeder Teilnehmer schreibt jetzt für sich bildhafte Vergleiche auf, die ihm hierzu einfallen. Nach 10 Minuten werden die anonym geschriebenen Zettel eingesammelt und die Metaphern in der Gruppe vorgelesen. Es entwickelt sich ein Gespräch darüber. Einige Beispiele, die in einer Gruppe 16- bis 18-Jähriger erdacht und besprochen wurden:

»Zukunft ist … ein Buch mit sieben Siegeln/… wie ein Überschallflug ins Ungewisse/… der Motor und Antrieb für unser Sein/… das Lachen des Säuglings/… mal ein bewölkter, mal ein klarer Himmel.«

Oder: »Friede ist … ein Lächeln, ein Händedruck, ein Schulterklopfen/… wie ein sonnendurchfluteter Wald/… die Stille am Sonntagmorgen/… eine Welt ohne Stacheldrahtverhau/… eine Welt ohne Folter/… wie die Haut eines Luftballons/… ein blauer Himmel/… das Vogelgezwitscher im Park.«

Da das bewusste Denken in Bildern für viele ungewohnt ist, sollte den Teilnehmern zu Beginn einer Metapher-Meditation genügend Zeit gegeben werden, ihre Gedanken zu Papier zu bringen. Jeder sollte so viele bildhafte Vergleiche aufschreiben, wie ihm einfallen.

Die Metaphern werden vom Spielleiter vorgelesen. Über diejenigen, die in der Gruppe besondere Zustimmung oder Ablehnung erhalten, wird gesprochen.

Jedes Wort mit einem seelisch tieferen Gehalt kann zu neuen Gedanken und Einsichten führen und neue Erkenntnisse aufzeigen: z.B. Licht – Liebe – Wärme – Freude – Vertrauen – Demut – Geborgenheit – Leben – Blume – Berg – Stille – Brot – Trauer – Musik – Einsamkeit – Jugend.

Reflexion: Auswertung der Metaphern in der Gruppe.

Symbolmeditation

Spielintention: Bildhaftes Denken, Fantasie.

Es gibt eine Vielzahl von Symbolen mit besonderer Bedeutung. Sie eignen sich zur meditativen Betrachtung. Dauer: 20 Minuten.

Beispiele: Stern – Kreuz – Wappen – Baum – Kreis – Dreieck – Licht – Sonne.

Kerzenmeditation

Material: Kerze, Streichhölzer.
Spielintention: Sinnlich bewusste Wahrnehmung, Erleben von Atmosphäre durch Konzentration, Öffnung für Empfindungen.

Die Gruppe sitzt im abgedunkelten Raum um eine Kerze herum. Der Spielleiter zündet die Kerze mit einem Streichholz an. Sie brennt für etwa 10 Minuten, und die Teilnehmer sollen sie meditativ betrachten und auf sich wirken lassen, ohne zu sprechen.

Wie wirken Licht und Wärme, Farbe und eventuell auch Geruch? Wie sieht der Raum, wie sehen die Gesichter der Teilnehmer im Kerzenlicht aus? Welche Gefühle kommen auf, welche Fantasien entstehen beim Betrachten? Nach etwa 10 Minuten tauscht sich die Gruppe aus.

Farbmeditation

Material: Eventuell Entspannungsmusik.
Spielintention: Sensibilisierung, positive Stimulation, Entspannung, positives Gefühl haben, Sinneseindrücke.

Buntes macht happy, bestätigt die Psychologie. Dazu genügt es, für etwa 5 bis 10 Minuten ein farbiges Blatt Papier oder einen bunten Blumenstrauß anzuschauen. Gelb z.b. stärkt die Nerven, baut Ängste, Spannungen und Mutlosigkeit ab. Blau hat eine beruhigende Wirkung bei Aggressionen und Unruhe. Rot wirkt anregend, mildert Anspannung und Müdigkeit. Orange kann die Stimmung aufhellen.

Malmeditation

Material: Zugeschnittenes Papier, Wachsmalkreide, Geräuschekassette, eventuell Meditationsmusik.
Spielintention: Entspannung, kreativer Ausdruck, Kontakte zu anderen Gruppenmitglieder herstellen.

Die Teilnehmer hören sich in entspannter, aber nicht einschläfernder Haltung konzentriert mit geschlossenen Augen eine Naturgeräusch-Kassette (es kann auch eine meditative Musik sein) an. Papier und Wachsmalkreide liegen bereit. Nach etwa 8 Minuten soll jeder konkret oder abstrakt eine Landschaft malen, die er sich beim Anhören vorstellen konnte.

In einer zweiten Spielphase können die Bilder kombiniert werden. Dazu werden sie in eine Reihe gelegt und dazwischen wird jeweils ein neues, unbemaltes Blatt geklebt. Auf dieses Blatt können beide Nachbarn die Übergänge zum je anderen Bild malen. Das Ganze findet in ruhiger Atmosphäre mit sanfter Musik statt. Dauer: 30 Minuten.

Musikmeditation

Material: Kassette mit Entspannungs- bzw. Meditationsmusik, Papierbogen und Wachsmalstifte.
Spielintention: Entspannung, Anregung der Fantasie durch Musik, verschiedene Ausdrucksmöglichkeiten bewusst erleben, Empfindungen beim Hören von Musik bewusst machen.

Die Teilnehmer finden sich in den Ecken eines nicht zu kleinen Raumes zusammen. Die benötigten Materialien liegen bereit. Der Spielleiter bittet alle, sich für eine der folgenden 4 Gruppen zu entscheiden und eine (jeder für sich) bequeme Haltung einzunehmen.

- Alleine bleiben und nur die Musik hören und auf sich wirken lassen.
- Entstehende Gefühle, Empfindungen und Fantasien mit einem Partner malerisch umsetzen.
- Durch Notizen auf einem Blatt Papier die Bilder, Fantasien und Assoziationen festhalten.
- Die Musik durch Bewegungen (Tanz oder Pantomime) ausdrücken.

Während des Musikhörens soll nicht gesprochen werden. Jeder Teilnehmer führt das aus, wofür er sich bei der Gruppenzuteilung entschieden hat. Dauer: 15 Minuten.

Ist die Musik zu Ende, bleiben alle noch eine Minute schweigend sitzen oder stehen. Danach beginnt der Austausch, was die Musik an Empfindungen, Bildern, Impulsen, Fantasien und Assoziationen ausgelöst hat.

Duftmeditation

Material: Speziallampe zum »Verduften« von ätherischen Ölen (z.B. Limette, Mandarine, Zitrone), Entspannungsmusik.
Spielintention: Entspannung, Stimulation, gute Laune.

Die Teilnehmer setzen sich entspannt auf den Fußboden, schließen die Augen und atmen langsam durch die Nase ein, dann langsam durch den Mund wieder aus. In der Mitte des Raumes steht die Speziallampe, in der wir ein ätherisches Öl verdampfen.

Reine ätherische Öle, wie z.B. Limette oder Mandarine, stimulieren das limbische System, einen Hirnteil, der für unsere Gefühlswelt zuständig ist. Dauer: 20 Minuten.

Literaturverzeichnis

Antons, K.: Praxis der Gruppendynamik. Göttingen 1975.

Argyle, M.: Körpersprache und Kommunikation. Paderborn 1979.

Fischer/Klawe/Thiesen (Hrsg.): (Er-)leben statt Reden. Weinheim/München 1985.

Fluegelman, A.: Die neuen Spiele 2. Rien 1988.

Geißler, K.A.: Schlusssituationen. Weinheim und Basel 1994.

Golemann, D.: Meditation. Weinheim 1990.

Gudjons, H.: Praxis der Interaktionserziehung. Bad Heilbrunn 1987.

Guggenmos, J.: Was denkt die Maus ... Weinheim o. J.

Hahn, K.: Erziehung zur Verantwortung, Stuttgart 1958.

Höper, C. J. u.a.: Die spielende Gruppe. Wuppertal [8]1980.

Johnson, S.: Eine Minute für mich. Reinbek 1987.

Kabat-Zinn, J.: Gesund durch Meditation. München 1990.

Kramer, M.: Das praktische Rollen-Spielbuch. Wuppertal 1979.

Meier/Seidel: Spielen und Darstellen, Bd. II. Hamburg 1978.

Müller, R. (Hrsg.): Spiel und Theater als kreativer Prozess. Bd. 2. Berlin 1972.

Opaschowski, H.W. (Hrsg.): Methoden der Animation – Praxisbeispiele. Außerschulische Pädagogik. Bad Heilbrunn 1981.

Orlick, T.: Kooperative Spiele. Herausforderung ohne Konkurrenz. Weinheim und Basel [6]1997 und 2000 (TB).

Ruhe, H.-G.: Methoden der Biografiearbeit. Lebensgeschichte und Lebensbilanz in Therapie, Altenhilfe und Erwachsenenbildung. Weinheim und Basel 1998.

Scheuerl, H.: Theorien des Spiels. Weinheim [10]1975.

Schiffler, H.: Spielformen als Lernhilfe. Freiburg 1982.

Schlemmer, A.: Farben für Seele, Geist und Körper. Bern 1990.

Schwäbisch, L./Siems, M.: Anleitung zum sozialen Lernen für Paare, Gruppen und Erzieher. Reinbek 1976ff.

Thiesen, P.: Kreatives Spiel mit Kindern, Jugendlichen und Erwachsenen. München/Köln [6]1995.

Thiesen, P.: Drauflosspieltheater. Ein Spiel- und Ideenbuch. Weinheim und Basel [3]1993, 1994 und 2000 (TB).

Thiesen, P.: Freche Spiele. Starke Spielideen gegen Frust und Lustverlust in Schule, Jugendarbeit und Erwachsenenbildung. Weinheim und Basel [2]1997.

Thiesen, P./Cornils, V.: Handbuch Jugendarbeit. München 1981.

Thiesen, P.: Arbeitsbuch Spiel. Für die Praxis in Kindergarten, Hort, Heim und Kindergruppe. München/Köln [7]1993.

Thiesen, P.: Camelberg und Cole Dosa. Weinheim 2000 (TB).

Thiesen, P.: Das Montagsbuch. Ein Arbeitsbuch zur Überwindung des »Montagssyndroms« in Kindergarten, Hort und Grundschule. Weinheim [2]1993, 1994 und 2000 (TB).

Thiesen, P.: Ideenmischmaschine. Weinheim 2001.

Thiesen, P.: Schönwetterspiele im Kindergarten. Freiburg [2]1990.

Thiesen, P.: Klassische Kinderspiele. Weinheim [3]2000.

Thiesen, P.: Konzentrationsspiele für Kindergarten und Hort. Lebendige Förderung ohne Dressur und Stress. Freiburg [3]1999.

Thiesen, P.: Psycho Kick – Das reflexive Interaktionsspiel für Jugendliche und Erwachsene. Freiburg 1999.

Thiesen, P.: Schlapplachtheater. Weinheim 1999 (TB).

Thiesen, P.: Sozialpädagogik lehren. Weinheim 1991.

Vopel, K.: Interaktionsspiele. 6 Bände. Hamburg 1989–1991.

Watzlawick/Beavin/Jackson: Menschliche Kommunikation. Bern 1990.

Wendlandt, W.: Entspannung im Alltag. Ein Trainingsbuch. Weinheim und Basel [2]1995.

Ziegenspeck, J.: Lernen fürs Leben – Lernen mit Herz und Verstand. Lüneburg 1986.

Der Phantasie freien Lauf

Peter Thiesen

Schlapplachtheater

Comedy mit Kindern, Jugendlichen und Erwachsenen

BELTZ
Taschenbuch

Selten gab es in den verschiedenen Fernsehprogrammen so viele Comedy-Sendungen wie heute. Gespielter Witz (Blackout), Parodie, Sketch, Satire und Kabarett haben Hochkonjunktur. Diese Reizüberflutung durch kommerzielle Spaßprofis weckt den Wunsch nach Möglichkeiten, selber »Comedy« zu machen und der eigenen Phantasie und Ausdrucksfähigkeit freien Lauf zu lassen. Hier sind über 200 Improvisationen, Stegreifspiele, Blackouts und Sketche, die sich zu Spielprogrammen, Workshops, Aufführungen und Comedy-Festen zusammenstellen lassen. Ein nützlicher Werkzeugkasten für zahlreiche Spielanlässe in Schüler-, Jugend- und Erwachsenengruppen.

Peter Thiesen
Schlapplachtheater
Comedy mit Kindern, Jugendlichen
und Erwachsenen
Mit Zeichnungnen von Barbara Hömberg
Beltz Taschenbuch 37, 112 Seiten
ISBN 3 407 22037 5

BELTZ
Taschenbuch

Kontakt und Kommunikation

Peter Thiesen

Fußdialog und Blickkontakt

Ungewöhnliche Interaktionsspiele
für die Arbeit mit Jugendlichen
und Erwachsenen

SPIELEWERKSTATT

BELTZ
Taschenbuch

160 neue und bewährte Spiel- und Übungsangebote für die Erlebnisbereiche: Kennenlernen, sinnliche Wahrnehmung, körperlicher und sprachlicher Ausdruck, Kooperation, Bewegungserfahrung, Entspannung und Meditation.

Kontakt- und Kommunikationsspiele sind als Gruppen- und Paarspiele besonders geeignet, das Kennenlernen zu erleichtern. Sie ermuntern, Gedanken und Gefühle zu äußern, helfen festgelegte Verhaltensweisen bei sich selbst zu erkennen und zu ändern. Sie führen zur Steigerung der Sensibilität und bieten ein hohes Maß an Eigenaktivität, individueller Wertschätzung und Selbstbestätigung.

Ausgerüstet mit diesem »Werkzeugkasten« für die Seminar- und Gruppenarbeit werden Sie interessante, erlebnisreiche und vielleicht sogar außergewöhnliche Stunden auslösen.

Peter Thiesen
Fußdialog und Blickkontakt
Ungewöhnliche Interaktionsspiele für die Arbeit
mit Jugendlichen und Erwachsenen
Mit Illustrationen von Barbara Hömberg
Beltz Taschenbuch 12, 112Seiten
ISBN 3 407 22012 X
Originalausgabe

BELTZ
Taschenbuch